本书得到上海市社科规划一般课题"增加值贸易视角下长三角区际贸易成本测度及其协同发展路径研究"（2019BJL008）资助。

增加值贸易视角下
长三角省际贸易成本测度
及其协同发展路径

卢仁祥　著

WUHAN UNIVERSITY PRESS
武汉大学出版社

图书在版编目(CIP)数据

增加值贸易视角下长三角省际贸易成本测度及其协同发展路
径／卢仁祥著. -- 武汉 ：武汉大学出版社，2024.9(2025.5 重印).
ISBN 978-7-307-24478-8

Ⅰ.F752

中国国家版本馆 CIP 数据核字第 2024U4G285 号

责任编辑:陈　帆　　　责任校对:杨　欢　　　版式设计:马　佳

出版发行:**武汉大学出版社**　　(430072　武昌　珞珈山)

(电子邮箱: cbs22@ whu.edu.cn　网址: www.wdp.com.cn)

印刷:武汉邮科印务有限公司

开本:720×1000　　1/16　　印张:11.75　　字数:183 千字　　插页:1

版次:2024 年 9 月第 1 版　　2025 年 5 月第 2 次印刷

ISBN 978-7-307-24478-8　　定价:58.00 元

序　言

2018 年 11 月 5 日，习近平总书记出席首届中国国际进口博览会时宣布，支持长江三角洲区域一体化发展并上升为国家战略，着力落实新发展理念，构建现代化经济体系，推进更高起点的深化改革和更高层次的对外开放，同"一带一路"建设、京津冀协同发展、长江经济带发展、粤港澳大湾区建设相互配合，完善中国改革开放空间布局。① 随着长三角一体化发展战略上升为国家战略，长三角区域经济一体化发展的相关问题便成了学界和业界的热议话题之一。

长期以来，长三角一直是中国经济活力最大、创新能力最强、开放程度最高的区域之一。无论从经济规模还是影响力来看，长三角都是中国乃至全球经济的一个重要发展区域。截至 2020 年 12 月 31 日，长三角地区常住人口达 2.36 亿人，约占全国人口的 16.38%。虽然受到新冠疫情的影响，2021 年长三角地区经济总量仍然继续再上新台阶，达到 27.6 万亿元，较上年增加 3.1 万亿元以上，约占全国经济总量的 24%，长三角三省一市的增速均高于全国平均增速。长三角地区以不到 4% 的国土面积承载了 4 倍于土地面积比重的常住人口，生产了 6 倍于土地面积比重的经济总量。虽然长三角区域一体化发展已经取得明显成效，但是在市场、政府政策协调、经济社会协同发展等方面还存在一些深层次的问题，阻碍或限制了长三角高水平一体化发展。

---

① 习近平：《共建创新包容的开放型世界经济》，《光明日报》2018 年 11 月 6 日第 03 版。

　　本书基于省际贸易成本这一全新视角来研究长三角协同发展问题。本书在运用增加值贸易数据测度长三角整体与部门层面、省际整体与部门层面以及省际双边贸易成本的基础上，重点分析长三角省际贸易成本的真实现状及变动趋势、省际贸易成本对长三角省际贸易发展的促进效应与长三角省际贸易成本变动的决定因素，并据此探讨省际贸易成本对长三角一体化发展水平的影响机理以及实现长三角一体化高水平协同发展的具体路径。

　　全书共包含7章，具体内容如下：

　　第一章，引言。本章简要介绍本书的写作目的和意义，概括介绍了国内外关于贸易成本测度方法的发展演变、外贸成本测度方法在中国区际、省际贸易成本测度中的应用以及长三角协同发展的相关研究成果，并在此基础上提出了本书的研究出发点，阐述了本书研究的重要现实意义、主要问题、研究方法以及创新之处。

　　第二章，贸易成本及其测度。本章首先对贸易成本的基本概念及其对贸易发展的影响进行概括介绍，然后对对外贸易成本测度方法的发展和演变作出梳理和分析，而后在此基础上对外贸成本在一国区际、省际贸易成本测度中的应用进行重点剖析。鉴于区际、省际贸易成本测度的特殊性和数据的可得性，学术界对区际、省际贸易成本的测度主要采用价格指数法、边界效应模型法以及基于贸易流量的反推贸易成本测度法，而且基于贸易流量的反推贸易成本测度法已经成为当下的主要研究范式。

　　第三章，长三角省际贸易成本。本章主要比较分析传统统计口径和增加值贸易统计口径下长三角整体及部门区际贸易成本，长三角各省整体、长三角省际整体及部门层面、长三角省际双边贸易成本状况及其演变趋势，并据此指出增加值统计口径下的区际、省际贸易成本能够克服传统统计口径下存在的虚假统计问题，更加真实地刻画出价值链分工模式下长三角区际、省际贸易成本的真实现状和变动趋势。这为本书的后续研究提供了必要的基础数据支持。

　　第四章，长三角省际贸易成本的促进效应。本章首先系统说明省际贸易流量和省际贸易成本对省际贸易发展促进效应测算的基本原理和计算公式，据此对长三角省际增加值贸易发展现状进行测算和分析，同时对长三角省际贸易发展的主要影响因素及其作用机制进行剖析，最后通过差分分解法以具体量化说明省际贸易成本对长三角省际贸易发展的促进效应。省际贸易成本的下降已经成为长三角省际价值链分工互补合作、省际经济贸易协同发展的重要推动力。

第五章，长三角省际贸易成本的决定因素。本章通过将国际贸易成本影响因素的经济理论作用机理拓展到省际贸易成本影响因素的分析中，重点探讨了长三角省际贸易成本的影响因素，并构建多元回归计量模型对其进行实证检验和分析，据此找出影响长三角省际贸易成本变动的重要因素。这为后续通过深化长三角区域分工合作、削减贸易成本以提高长三角一体化发展水平并实现创新协同发展提供政策路径支撑。

第六章，省际贸易成本与长三角协同发展路径。本章简要介绍了长三角区域一体化国家战略的形成过程，并在构建长三角一体化发展水平度量指标体系的基础上测度长三角一体化的发展水平，分析长三角一体化发展水平的现状及变动趋势，探讨省际贸易成本等因素对长三角一体化发展水平的作用机制，然后构建计量经济模型实证检验长三角一体化发展的动力机制，最后根据实证检验结果探讨提升长三角一体化发展水平、实现长三角协同发展的具体路径。

第七章，研究结论和后续研究展望。本章对本书的研究进行总结，概括主要研究结论，并指出全书研究的不足之处，对后续的研究作了展望。

本书的主要创新点如下：

第一，本书首次基于增加值贸易统计口径来测度长三角、长三角各省（市）及省际整体和行业层面的区际、省际贸易成本，力求系统刻画长三角区际、省际贸易成本的真实状况及变动趋势，并尝试分析省际贸易成本与长三角协同发展的动力机制之间的内在联系，为研究实现长三角高水平一体化发展的国家战略提供了一个全新研究范式。

第二，本书研究指出省际贸易成本对长三角区域内部价值链分工与贸易格局、竞争优势以及一体化协同发展有着重要影响，成为制约长三角协同发展的重要因素，并指出通过采取有效措施降低省际贸易成本来实现长三角协同发展和一体化水平提升成为切实可行的创新路径。

　　综上，本书在使用传统统计口径和增加贸易统计口径的统计数据测度长三角省际贸易成本并进行比较分析的基础上，重点分析长三角省际贸易成本的促进效应与决定因素，并对削减省际贸易成本以实现长三角高水平一体化的国家战略的政策路径进行系统探讨。但是由于样本数据、研究时间、作者研究视野和水平方面的限制，本书仍然存在一些问题尚未得到充分的研究和说明，期待以后作进一步的深入研究。

卢仁祥

2023 年 9 月 18 日

目　　录

第一章　引　言

第一节　研究背景与意义

一、研究背景

2010 年，长江三角洲地区仅指江苏省、浙江省和上海这两省一市。随着长三角城市群的发展和联系日益紧密，安徽省于 2019 年被纳入长三角区域，自此长三角地区的范围扩展至江苏省、浙江省、安徽省和上海三省一市。长三角地区面积近 35.8 万平方公里，经济总量约占全国的 1/4。长三角地区一直以来不仅是中国经济发展最活跃、开放度最高和创新能力最强的区域之一，而且是"一带一路"与长江经济带建设的交汇点，对实现中国的现代化和全方位对外开放格局具有重要的战略地位。2018 年 11 月 5 日，习近平总书记在首届中国国际进口博览会上宣布，支持长江三角洲区域一体化发展并上升为国家战略，标志着长三角区域从此进入一个新的发展阶段。2019 年 12 月 1 日，中共中央、国务院印发了《长江三角洲区域一体化发展规划纲要》，明确指出："推动长三角一体化发展，增强长三角地区创新能力和竞争能力，提高经济集聚度、区域连接性和政策协同效率，对引领全国高质量发展、建设现代化经济体系意义重大。"2020 年 8 月 20 日，习近平总书记主持召开扎实推进长三角一体化发展座谈会并发表重要讲话，明确指出"率先形成新发展格局、勇当我国科技和产业创新的开路先锋、加快打造改革开放新高地"[1]，这是对长三角一体化发展提出的更高要求。不难看出，长三角的重要战略地位及其一体化发展问题在现在与将来都将成为学者们重点研究的领域。

　　经过多年的发展，无论是从经济规模还是从影响力来看，长三角地区在全

---

[1]　李彤. 经济要评：长三角，乘势而上率先形成新发展格局［N/OL］. 人民网. ［2020-08-24］. http://money.people.com.cn/BIG5/n7/2020/0824/c42877-31833877.html.

球经济中都具有重大影响力。截至 2020 年 12 月 31 日，长三角地区常住人口达 2.36 亿人，约占全国人口的 16.38%。虽然受到新冠疫情影响，但是 2021 年长三角地区经济总量仍然再上新台阶，达到 27.6 万亿元，较上年增加 3.1 万亿元以上，约占全国经济总量的 24%，三省一市的增速均高于全国平均增速。长三角以不到 4% 的国土面积承载了 4 倍于土地面积比重的常住人口，生产了 6 倍于土地面积比重的经济总量。长三角地区的一体化发展已经取得了明显成效，经济社会发展水平在全国领先，完善的重大基础设施体系基本形成，公共服务、政策制度等方面形成了有效的共享与协调机制，为实现更高质量一体化发展提供了良好支撑。

但是，长三角一体化发展仍存在很多问题，如内部发展不平衡、"诸侯经济"现象突出、政策利益冲突与协调不畅、要素流动障碍明显等。仅从经济差距来看，上海市虽然土地面积在我国大陆 31 省市居于最末位，但是城镇化率、人口密度、人均 GDP、重大基础设施覆盖程度、一般公共预算收入等方面在长三角地区乃至全国都居于首位；安徽省土地面积在长三角三省一市中最大，但经济发展水平最低，城镇化率、人口密度、基础设施水平、人均可支配收入水平等指标均低于全国平均水平，远低于长三角地区的其他两省一市。可见，长三角地区内部存在明显的发展不平衡现象，梯度差距问题突出，严重制约了长三角一体化发展水平的提升。因此，本书选择从省际贸易成本方面来探讨长三角协同发展的障碍及其路径。

二、研究意义

长三角区域作为中国经济开放的最前沿，其协同发展已经成为国内学者们关注的热点问题之一。现有的研究成果主要集中于长三角一体化发展的程度与水平、存在的障碍及其对策建议方面，对指导和推动长三角一体化发展发挥了重要作用。但是，这些研究均忽略了长三角省际贸易成本的状况、演变趋势及其对长三角统一市场的建立与一体化发展水平的影响。鉴于此，本书试图基于增加值贸易视角测度长三角省际贸易成本，以真实刻画全球价值链分工下长三角省际贸易成本的状况及演变趋势，并据此分析长三角省际贸易成本对长三角区域内部贸易发展的贡献效应，为长三角统一市场的建立、产业结构调整、转型升级并实现高质量一体化发展目标提供借鉴和参考。因此，本书的理论与现实意义主要体现在：第一，从增加值贸易视角测度长三角省际贸易成本，探讨长三角省际贸易成本的特征与演变趋势，从而刻画全球价值链分工下长三角省际贸易成本的真实状况；第二，依据双边分解计算而得的省际贸易成本来揭示长三角内部产业分工整合的状况和贸易格局，以进一步探讨长三角统一市场的建立与一体化发展存在的障碍；第三，探讨省际贸易成本对长三角省际贸易发展的贡献度并揭示省际贸易成本对长三角一体化发展的重要影响，为长三角实现高水平一体化发展的国家战略提供全新的政策思路。

第二节　国内外研究现状

长三角地区一直以来都是中国经济开放度最高和创新能力最强的区域之一，吸引了众多学者对其进行研究。随着长三角一体化发展升级为国家战略后，长三角地区未来的发展将成为更为热门的研究话题之一。目前，国内外关于长三角一体化发展的研究主要涉及长三角一体化发展的程度与水平、存在的障碍及其对策与建议。本书将在已有研究成果的基础上，通过分析长三角省际贸易成本的状况来探讨长三角协同发展问题。接下来将对涉及的主要国内外研究成果进行概括性介绍。

一、贸易成本的测度研究

贸易成本作为贸易开展的一项重要影响因素已经成为贸易理论研究的核心问题之一，众多贸易政策措施的制定与实施都与贸易成本存在直接或间接的联系（Anderson 和 Wincoop，2003）。在贸易开展的早期阶段，由于贸易壁垒的种类较少，具体措施也相对简单，贸易成本主要由运输费用、关税和简单的非关税壁垒措施构成。学者们在对贸易壁垒进行测度研究时主要通过选用一些可直接观测的数据或者某一类可量化的成本来直接度量贸易成本，如使用距离、运输成本或关税成本等来衡量贸易成本（Hummels，2001；Limao 和 Venables，

2001）。直接测度法的优点是简单、直观，根据相关的度量指标能够很容易地知道贸易成本的高低。但是，随着贸易的发展，首先，非关税壁垒种类不但越来越多，而且更具隐蔽性；其次，贸易成本的构成因素也越来越多，除运输成本和关税成本等传统贸易成本之外，贸易成本还包括保险成本、搜索匹配成本、国际结算成本、制度法规成本、语言沟通成本等一系列为了使产品到达最终消费者手中而产生的成本（Buttern 和 Mosch，2003；Anderson 和 Wincoop，2004；Jacks 等，2008）；再次，度量传统贸易成本的数据搜集存在较大困难，不同国家、不同部门的贸易成本数据统计口径不一致，而且依据传统贸易统计数据无法系统了解贸易成本的大小、规模和结构。这些问题的存在致使直接测度法无法很好地继续适用于贸易成本的测度研究。

目前，在进行贸易成本的测度研究时，众多学者开始采用间接测度法。间接测度法主要分为回归法和双边贸易成本计算法（Anderson 和 Van，2003；Novy，2006；Chen 和 Novy，2009）两大类，其中回归法具体又包括要素禀赋模型（Leamer，1988）、引力模型（McCallum，1995）和普通回归模型（Hummels，2001）三种。在具体的应用研究中，回归法中的引力模型得到了较为广泛的应用。McCallum（1995）将国际贸易中的引力模型应用到贸易成本的测度研究中，利用回归方程对加拿大各省间以及加拿大各省与美国各州间的贸易成本进行分析，发现了"边境之谜"。后续很多学者指出了传统贸易引力模型的不足，纷纷通过引入新的变量或因素对其进行广泛而有效的补充和扩展，使研究成果更加具有针对性和说服力，如将黄曲霉毒素标准等变量（Otsuki 等，2001）、距离、基础设施状况等因素作为贸易成本的代理变量（Limao 和 Venables，2001），将移动通信和互联网的覆盖程度与使用率作为基础设施的情况（Freund 和 Weinhold，2004；Francois 和 Manchin，2007）等引入引力模型进行拓展性研究。但是，这种引力模型的假设条件比较严格——两国的局部均衡分析，而且容易遗漏一些重要的变量，故被称为传统引力模型。为此，Anderson 和 Van（2003）将多边阻力因素引入传统引力模型进行修正并构建了一个多国一般均衡的静态模型，不但使传统引力模型具备了微观基础，而且降低贸易成本测度的难度和简化方法。在此基础上，Novy（2006）又将冰山型双边贸易成本纳入研究范畴，设计出贸易成本间接测度法的第二类方法——双边贸易成本计算法。此后，Novy（2006；2013）继续放松技术假定并考虑双边贸易成本的不对称情形及模型的动态特征，通过剔除贸易成本的对称性假设进一步放宽模型的假设条件，使模型的应用具备了坚实的理论基础，基于贸易流量反推贸易成本的间接测度法也因此在研究中得到了广泛的应用。自此，基于贸易流量的事后反推的贸易成本测度原理开始逐渐成为该研究领域的主要范式（Chen 等，2011；Jacks 等，2011）。

二、外贸成本的测度方法在中国区际、省际贸易成本研究中的应用

国内外学者对外贸成本的测度作了大量的尝试（Novy，2006，2013；许德友和梁琦，2010；许统生等，2011；胡宗彪和王恕立，2013；周丹和陆万军，2015），但是将外贸成本的测度方法应用到中国区际贸易成本的测度研究中则罕见。无论是 Young（2000）、Poncet（2003）、盛斌和毛其淋（2011）、刘建（2103）利用边界效应或价格指数来研究中国区际贸易成本，还是行伟波和李善同（2009）采用增值税数据来研究中国区际贸易成本，都仅分析了区际贸易成本影响因素的一部分，而且缺乏理论基础。鉴于此，基于贸易流量的事后反推的贸易成本测度法开始被应用于中国区际贸易成本的研究中。许统生等（2013）将多边贸易成本测度方法运用到中国省际贸易成本的测算研究中，结果发现中国省际贸易成本在逐步下降，并呈现明显的行业差异，制造业的贸易成本最低。潘文卿和李跟强（2017）利用双边贸易成本的测度方法并基于1997—2007年中国区域投入产出数据来测算中国区际贸易成本，结果却显示中国区际贸易成本在整个考察期总体是上升的，仅仅在入世后的一段时期呈下降趋势。

基于传统贸易统计口径测度的外贸成本或区际贸易成本由于存在大量重复计算和第三国（部门）效应，已经很难真实反映全球价值链贸易成本。为此，袁凯华等（2019）首次将 Novy（2013）改进的贸易成本测算模型拓展到增加值贸易视角，以刻画出全球价值链贸易中的真实成本，并利用1997年、2002年和2007年中国区域投入产出数据基于传统贸易和增加值贸易统计口径分别对中国区际贸易成本进行测算和比较研究。

三、长三角协同发展研究

长三角作为中国经济发展的重要区域，近年来它已经成为国内学者们研究中国区域经济协同发展的热点区域之一。部分研究认为，长三角区域作为中国经济开放的前沿和重要的经济中心，一体化发展水平肯定很高，正如郭湖斌和齐源(2018)研究的结果：基于复合系统理论和耦合度模型构建度量区域经济综合发展水平的指标体系所测度的长三角区域经济发展水平、区域内与区域间协同度均显示长三角地区已经形成良好的协同发展状况。但是，更多的研究却得出了截然不同的结果。与国内的京津冀和珠三角相比，长三角一体化发展层次和市场一体化程度比较低，转型升级压力大(娄文龙，2014；李蕾，2016；黄征学等，2018)，而且要素市场的一体化水平远远滞后于商品市场的一体化水平(杨凤华和王国华，2012)。长三角地区内部发展不均衡，"诸侯经济"现象严重，市场融合和产业分工停滞不前，区域利益协调机制和现行政府考核体系不够完善，上海的核心引领作用也未能充分发挥，严重制约长三角区域一体化发展的水平(李蕾，2016；谭顶男，2016；顾海兵和张敏，2017；张学良等，2018)。为此，长三角地区应该继续完善基础设施建设、提高公共服务水平、加快产业转型升级、加强一体化市场机制、新型城市合作机制和跨区域利益协调机制建设，提高要素流动性、创新能力和专业化分工水平，充分发挥上海的核心引领作用并复制推广上海自贸区的"以点带面、由面到片"惠及措施，形成内外开放和有序竞争的统一市场，以推动长三角的一体化发展(巫强和刘志彪，2014；李世奇和朱平芳，2017；张学良等，2018；黄征学等，2018；曾刚等，2019)。

基于上述国内外研究成果可以看出，贸易成本及长三角协同发展问题成为学术界研究的重点问题，国内外学者从多个角度展开了广泛而深入的探讨。但是，关于该问题的研究仍需要从如下几个方面深入推进。

其一，Novy 的基于贸易流量的事后反推的贸易成本测度模型较好地解决了贸易成本的间接测度问题，成为该领域研究的主要范式。现有研究成果在进行贸易成本测度研究时，采用传统的贸易统计数据进行分析已经成为普遍的做法。但是，在全球价值链分工模式下，由于大量中间产品贸易的存在使传统贸易统计数据中存在重复计算和第三国（部门）效应，导致基于传统贸易统计数据测度的贸易成本根本无法客观全面地反映全球价值链贸易成本。本书将基于增加值贸易视角来测度贸易成本，以求刻画全球价值链分工模式下贸易成本的真实情况。

其二，部分学者已经开始关注中国区际、省际贸易成本问题，而且少数学者已经尝试将外贸成本的测度方法应用到中国区际、省际贸易成本的测度研究中，为区际、省际贸易成本的研究提供了一个很好的视角。但是，仅有少数现有研究成果涉及测度和分析中国区际、省际贸易成本及其行业或部门差异，得出的结论也存在显著的不同，针对长三角区际、省际贸易成本的测度和深入分析更是未曾涉及。本书将从增加值贸易视角，运用改进的贸易成本测度模型测算长三角省际贸易成本，以揭示长三角省际贸易成本的真实变动状况及其决定因素。

其三，关于长三角的协同发展问题已经成为学术界关注的热点问题之一，众多国内外学者已经对此作了卓有成效的研究。但是，现有的研究成果侧重于长三角一体化水平测度及其制约因素、提升长三角一体化发展水平的有效措施的研究。现有研究成果均未关注到长三角省际贸易成本状况对长三角区域内部贸易格局和一体化发展的影响。本书将对长三角省际贸易成本状况进行有效测度，深入分析其决定因素，并探讨如何通过降低长三角省际贸易成本等措施来提升长三角一体化协同发展水平。

第三节　研究的内容、结构和方法

一、研究的内容和结构

（一）研究的内容

本书将从长三角区际、省际贸易成本的测度入手，在比较分析长三角区际、省际贸易成本在中国不同经济区域、长三角各省（市）整体和部门上的差异性、演变趋势及其背后的决定因素的基础上，重点探讨贸易成本对长三角一体化发展水平的影响及作用的内在机制，并据此有针对性地提出提升长三角一体化协同发展水平以推动实施长三角区域一体化发展的国家战略的具体路径。具体而言包括：

（1）长三角省际贸易成本的测度：①本书选用 2012 年、2015 年和 2017 年①"中国省市区域间投入产出表"中的数据，并利用改进的 Novy（2013）事后反推测算贸易成本模型分别从传统贸易统计口径和增加值贸易统计口径对包括长三角在内的中国主要经济区域的整体和行业贸易成本进行测度；②将贸易成本的测度分解到双边层面，进一步重点分析长三角同其他经济区域间以及长三角内部省际贸易成本状况。

（2）长三角省际贸易成本的实际状况：①比较分析不同统计口径下长三角省际贸易成本的差异，以重点刻画全球价值链分工背景下长三角省际贸易成本的新情况、新问题；②比较分析中国其他经济区域与长三角区域的区际贸易成本的差异，以充分了解和掌握长三角一体化的发展水平及与其他区域存在的差距；③比较分析长三角区域内部各省（市）整体和部门的贸易成本差异，以充分认识和掌握长三角省际贸易成本的实际状况及演变趋势。

（3）长三角省际贸易变动的决定因素：①从整体、省际和部门层面上分析长三角贸易成本的变动趋势，探讨变动背后的政策、产业结构、要素流动、市场壁垒、上海经济辐射、对外开放度、基础设施和政策协调等因素的影响；②分析各个决定因素在长三角区域内部的实际发展情况，并重点探讨其对贸易成本影响的具体作用机制；③构建面板数据模型，对长三角省际贸易成本变动的决定因素进行实证检验，以定量考察各因素的重要性及其对贸易成本变动的贡献度。

（4）长三角协同发展的路径：①探讨贸易成本对长三角一体化协同发展水平的具体影响，并对其进行实证检验；②分析贸易成本对长三角一体化发展的

---

① "中国省市区域间投入产出表"最新版本中的数据仅公布到 2017 年。

驱动作用，尤其是贸易成本的各项决定因素对促进长三角协同发展、提升长三角一体化发展水平的作用机制；③探讨通过降低长三角省际贸易成本等措施来实现长三角一体化高水平发展的具体路径。

（二）研究的结构

针对以上研究内容，本书在具体撰写和编排时分为七个部分。第一部分为引言，主要介绍本书的选题背景、理论价值与应用价值、国内外研究现状及其评述、结构安排、研究方法、本书的创新点以及不足之处。第二部分主要通过介绍贸易成本的概念、具体分类和测度方法，重点探讨外贸成本测度方法在经济体内部区际、省际贸易成本测度应用中的相关研究成果，并据此分析区际、省际贸易成本对区域价值链分工、竞争优势和贸易格局的影响。第三部分主要是在前面所介绍的国际贸易成本和区际、省际贸易成本相关理论和测度方法的基础上，重点基于增加值贸易统计口径下测度长三角整体、各省（市）整体、省际和行业层面的贸易成本，以探讨长三角地区统一市场、价值链分工和省际贸易的发展状况。第四部分在分析长三角价值链分工贸易发展现状的基础上，探讨长三角省际贸易发展的主要影响因素，并对长三角省际贸易的增长进行差分分解，以重点量化省际贸易成本对长三角省际贸易发展的促进效应。第五部分重点分析影响长三角省际贸易成本的主要因素及其作用的内在机制，并构建面板数据模型对长三角省际贸易成本的影响因素进行实证分析。第六部分承继前面研究的内容，把落脚点放到长三角高水平一体化协同发展的路径上，利用综合一体化指数法度量长三角一体化发展水平，从理论角度来分析长三角一体化发展的动力机制，并构建计量经济模型，实证分析省际贸易成本对长三角一体化水平的影响，进而从有效降低省际贸易成本等方面提出实现长三角高水平一体化发展的具体可行路径。第七部分为本书的结语，主要对本书的研究成果进行归纳和总结，指出本书研究中仍然存在的问题和有待改进之处，并对后续研究进行展望。

二、研究方法

针对上述研究对象和研究内容，本书在具体分析和论证过程中主要采用以下研究方法。

(1)理论分析法：应用于概括、归纳和推导相关影响因素对贸易成本作用的内在机制以及长三角一体化协同发展的动力机制，并据此探讨长三角协同发展的制约因素及具体路径。

(2)比较分析法：比较分析传统统计口径和增加值贸易统计口径下长三角整体、各省(市)整体、省际整体和部门层面的贸易成本差异，以便客观全面认识和把握长三角区际贸易成本的实际状况和变动趋势；与国内其他主要经济区域相比，长三角一体化发展水平的真实现状及内在结构特征。

(3)指标分析法：在探讨长三角一体化发展水平时，将采用一体化综合指标体系来度量长三角整体、省份和子系统层面一体化发展水平及演变趋势。

(4)实证分析法：运用差分分解法量化分析省际贸易成本对长三角省际贸易发展的促进效应；构建面板数据模型，以实证检验长三角省际贸易成本的影响因素对省际贸易成本变化的作用程度；构建计量经济模型，以实证分析长三角一体化发展的动力机制，尤其重点考量省际贸易成本对长三角一体化发展水平的影响。

(5)对策分析法：在探讨省际贸易成本对长三角一体化协同发展的具体作用机制的基础上，通过分析有效降低长三角省际贸易成本等方面的措施来讨论长三角高水平一体化协同发展的具体可行路径，以深化长三角区域内部价值链分工、优化产业布局、促进产业升级发展等，推动建立长三角区域统一市场，实现长三角一体化高水平发展。

关键技术路线说明：

(1)在长三角省际贸易成本测度方面，本书将 Novy(2013)模型拓展到增加值贸易领域，利用2012年、2015年和2017年的中国省市区域间投入产出表并结合 WWZ(2015)和 Wang 等(2017)的总出口分解法来测度长三角省际贸易成本，以刻画和揭露全球价值链分工下长三角省际贸易成本的真实状况、价值链分工格局及变动趋势。

(2)在长三角省际贸易成本决定因素的实证分析方面，面板数据模型面临的主要问题是因影响因素较多而产生内生性控制和残差检验问题，为此本书采用 Hausman 检验方法来检测模型的内生性，并引入内生变量的滞后变量作为工具变量以及采用两阶段最小二乘法(Two-stage Least Squares)等处理方式来解决模型产生的内生性问题。

（3）长三角一体化发展水平的度量方面，面临的主要问题是如何全方位衡量长三角一体化发展水平，为此本书借鉴 Konig 和 Ohr(2013)、李世奇和朱平芳(2017)的做法，从统一市场、政府协同、基础设施和经济社会四个维度构建指标体系来对长三角一体化发展水平进行综合衡量。

（4）在探讨省际贸易成本对长三角一体化发展水平的影响时，鉴于数据的样本数量相对较少，本书将采用 QAP 方法来量化分析省际贸易成本对长三角一体化发展水平的影响，为通过降低省际贸易成本促进长三角区域内省际贸易发展，并提升长三角一体化发展水平提供政策路径设计参考。

第二章　贸易成本及其测度

成本作为一项经济活动开展必须考虑的重要因素，同样也是贸易发展的重要影响因素。贸易成本已经成为破解所有其他开放宏观经济学之谜的钥匙（Obstfeld 和 Rogoff，2000）。关于贸易领域的众多问题研究均是围绕贸易成本展开的，贸易成本已经成为新贸易理论和新新贸易理论的核心概念之一（许统生等，2013），决定着国际分工与贸易的格局（鞠建东和余心玎，2014），对贸易理论和实践的发展起到了重要的指导作用。

第一节　贸易成本概述

与物理学研究中的摩擦力非常相似，贸易成本在早期贸易理论研究和模型构造中几乎完全被忽略。因为即使考虑贸易成本的作用，也不会对最终研究结果产生实质性的改变（Deardorff，1984）。但事实上，贸易成本不但影响贸易分工的发展与变革，而且还是一国或地区在国际分工中竞争优势与地位的重要决定因素。

一、贸易成本的基本概念

贸易成本通常是指除生产成本之外的使商品或劳务到达最终消费者手中的所有成本。Anderson 和 Van Wincoop（2004）认为贸易成本除传统意义上的运输成本外，还包括人为设立的关税与非关税壁垒，消除语言和文化差异的支出和货币兑换的费用，克服国与国之间法律差异的费用和执行地区贸易协定的成本。据 Anderson 和 Van Wincoop（2004）的估计，贸易成本相当于贸易从价税的170%，而其中运输成本就占到21%。通常，贸易成本越低，商品流动的阻碍就越小，贸易就越能够以较低的成本进行。在过去五十多年中，作为贸易成本重要组成部分的运输成本的下降，极大地推动了世界贸易的发展（Hummels，2007）。最新一些研究还强调，从经济可持续发展的角度来说，贸易成本还应该包括环境成本。异质性企业贸易理论指出，正是由于贸易成本的存在，企业要根据其生产效率决定是否出口。由于贸易成本涵盖范围的广泛性和测度的复杂性，使其成为国际宏观经济的重大难题之一。

二、贸易成本对贸易的影响

（一）贸易成本与贸易流量

关于贸易成本对贸易流量影响的研究，目前在学界广泛使用引力模型来解

释，从而较好地证实了贸易成本对贸易流量的影响确实是显著的。Bikker
(1987)较早使用扩展的引力模型，对 80 个国家的贸易数据进行分析，结果证
明经济距离对贸易流量会产生非常重要的影响。① 事实上，随着运输技术的进
步和发展，在过去 100 多年的时间里因距离因素而产生的贸易成本在快速下
降。一战前的 40 年时间里因运输技术发展使贸易成本下降 10%，促使世界双
边贸易出口增长了近 40%(Jacks 等，2006)。对此，国内学者骆许蓓(2003)使
用引力模型对运输成本与贸易规模的关系进行了实证分析，证实运输成本对出
口存在显著的负面影响。虽然运输技术的发展可以克服经济距离的影响，使贸
易成本下降，但是种类越发繁多和隐蔽性强的贸易壁垒却导致贸易成本有所增
加，阻碍了贸易规模的扩张。对此，Wall(1999)使用 1996 年 85 个国家的进出
口数据对美国贸易保护的影响进行实证分析，结果显示，如果算上墨西哥和加
拿大，美国的贸易保护使其进口减少 10.4%，而这 85 个国家的保护政策使美
国的出口下降 17%。换言之，如果没有因设置贸易壁垒的贸易保护政策使贸易
成本上升，美国的对外贸易总额将可以增加约 2400 亿美元。② 可以看出，贸
易壁垒与经济距离等因素产生的贸易成本与国际贸易流量之间存在着明显的负
相关性，阻碍了贸易发展和贸易规模的扩张。

(二)贸易成本与贸易模式选择

从产业间贸易、产业内贸易到产品内贸易或公司内贸易，国际贸易分工越
发精细化，贸易模式也越来越多。在贸易模式的发展变化过程中，成本因素起
到重要的推动作用。这一过程既反映出贸易成本变化对国际贸易模式产生的影
响，更折射出贸易主体为适应国际竞争主动降低贸易成本而付出的努力。一般
而言，产业间贸易、产业内贸易到产品内贸易或公司内部贸易，反映了贸易模
式因贸易成本的变化而作出的主动改变。与产业内贸易相比，产业间贸易的交

---

① Jacob A. Bikker. An International Trade Flow Model with Substitution: An Extension of
the Gravity Model[J]. Kyklos, 1987, 40: 315-337.

② Howard J. Wall. Using the Gravity Model to Estimate the Costs of Protection[J]. Review,
Federal Reserve Bank of Saint Louis, Jan/Feb. 1999, 81: 33-40.

易程序相对复杂，交易规则的制定成本较高，成本分摊也不公平，因此产业间贸易成本要高于产业内贸易成本。至于后来出现的产品内贸易或公司内部贸易，主要是由于贸易主体为适应竞争，控制体现竞争力的关键技术或核心技术，通过变革贸易模式主动降低成本。由于中间产品的不完全性，特别是技术、专利等中间产品通常有特定的使用领域，为搜寻特定的交易对象，降低不确定性，企业需要付出较高的成本。为此，企业通常为避免市场的不完全并降低交易成本而采用公司内部贸易的模式。

(三) 贸易成本与贸易结构

从上述论证可以清楚地认识到，随着贸易成本的降低，国际贸易模式将会发生相应的变化。这种变化将会引起贸易的商品结构和地区结构发生改变。[①]

(1) 贸易成本与贸易商品结构。贸易成本下降，产业内贸易的比重增加；反之，产业间贸易比重增加。随着贸易成本的降低，国际贸易模式逐渐从以产业间贸易为主转向以产业内贸易为主，从而导致贸易的商品结构从不同产业不同商品间的贸易转向同一产业内部同类产品的贸易。

(2) 贸易成本与贸易地区结构。随着贸易成本的降低，国际分工活动更加集中在贸易成本下降的国家和地区之间，区域特征表现得更加明显。此种情况的典型例证便是区域经济一体化，例如欧共体或者欧盟。在欧共体建立之前，西欧国家之间的贸易不具有如今这样典型的区域特征。在欧共体和欧盟先后成立以后，随着贸易壁垒的削减和贸易成本的下降，成员国之间贸易规模得到快速增长，贸易创造效应和区域化特征明显。

第二节　国际贸易成本测度

从贸易成本的测度方式来看，研究成果主要分为两类。第一类是直接测度法，指利用距离、运输成本或关税成本等数据来直接测度贸易成本(Limao 和

---

① 刘向丽. 国际贸易的交易成本研究[M]. 北京：经济科学出版社，2009：130.

Venables，2001；Hummels 等，2001）。第二类是间接测度法，主要包括利用相邻国家之间商品价格指数的方差变动（Parsley 和 Wei，1996）、采用贸易引力模型来估算的"边界效应"或"本地偏好"（Frankel 和 Rose，2000）或者运用双边贸易流量来事后反推贸易成本（Anderson 和 Van Wincoop，2003；Novy，2013）三种方式。

一、直接测度法

直接测度法主要是利用运输费成本或者关税、非关税壁垒等可以直接观测的数据来对贸易成本进行事前度量。可见，直接测度法主要测度由贸易政策措施实施而形成的贸易壁垒或者是因地理位置距离所产生的运输费用两大类贸易成本。以 Anderson 等（1992）为代表的国外学者率先构建了一个具有理论基础的计算贸易限制指数（TRI）等价关税模型，并据此用于衡量因关税或非关税壁垒措施实施而产生的贸易成本。然而，在当前双边或多边贸易合作广泛盛行的体制下，关税水平已经大幅下降，单纯依靠关税水平的高低来评估贸易成本已经无法真实反映贸易成本，必须充分考虑层出不穷、种类繁多的非关税壁垒措施对贸易成本的影响。因此，将非关税壁垒措施换算成等价关税来研究贸易成本更具应用价值。例如，Messerlin（2001）通过将欧盟的非关税壁垒措施换算成关税当量来考察欧盟的贸易保护政策壁垒，研究结果显示欧盟工业品非关税贸易政策壁垒的关税当量是 7.7%。在实际测度过程中，由于非关税壁垒措施的复杂性和隐蔽性，很难找到非关税壁垒的代理变量，加之各国并不存在统一的非关税壁垒指标以及数据获取存在难度，利用该办法来测度非关税壁垒措施导致的贸易成本受到了很大的限制。

与使用关税或非关税壁垒措施来直接度量贸易成本相比，因为运费可以直接从承运的船公司或航运公司等负责货物运输的企业获取，关于国际贸易运输成本的测算相对简单，研究者可以直接从航运公司、船公司等运输企业获取相关费率与报价，如 Limao 和 Venables（2001）从航运公司获得了从巴尔的摩港出货的集装箱报价。Hummels（1999）从一些贸易统计类杂志上搜集到部分国家海、空运费的平均费率，经比较研究发现国家和产品的不同导致运输费率存在显著差异，而且随着技术的进步，尤其是运输技术的发展，运输成本对经济距离的敏感度快速下降。此外还可以从很多国家海关统计公布的 FOB 和 CIF 报价经比较换算来获取一个较为准确的运输费用。

不难看出，贸易成本的直接测度法优点是显而易见的——简单、直观，可以根据相关的度量指标清楚地了解贸易成本的高低。但是，随着贸易的发展，首先，非关税壁垒种类不但越来越多，而且更具隐蔽性；其次，贸易成本的构成因素也越来越复杂，贸易成本除运输成本和关税成本等传统贸易成本之外，还包括保险成本、搜索匹配成本、国际结算成本、制度法规成本及语言沟通成本等一系列为了使产品到达最终消费者手中而产生的成本（Buttern 和 Mosch，2003；Anderson 和 Wincoop，2004；Jacks 等，2008）；再次，度量传统贸易成本的数据搜集存在较大困难，不同国家和不同部门的贸易成本数据存在统计口径不统一的问题，而且从传统贸易统计数据中也无法系统了解贸易成本的大小、规模和结构。这些问题的存在致使直接测度法无法很好地继续适用于贸易成本的测度研究。

二、间接测度法

(一)间接测度法发展概述

间接测度法是指根据实际贸易流量事后反推贸易成本。此方法的基本思想是任何贸易成本的存在都会影响到进出口商品的价格，进而影响到实际的贸易流量。因此，通过适当的方法剔除影响贸易商品供给和需求的其他因素之后，能够推算出包括贸易壁垒措施等在内的实际贸易成本。目前，在进行贸易成本测度研究时，多数学者开始采用间接测度法。间接测度法主要包括利用相邻国家之间商品价格指数的方差变动（Parsley 和 Wei，1996）、采用贸易引力模型来估算的"边界效应"或"本地偏好"（Frankel 和 Rose，2000）或者运用双边贸易流量事后反推贸易成本（Anderson 和 Van Wincoop，2003；Novy，2013）三种方法。其中，价格指数法存在无法覆盖所有行业部门的问题，边界效应法或本地偏好法则存在易于遗漏重要变量信息的问题。因此，基于贸易流量事后反推的贸易成本测度原理开始逐渐成为该研究领域的主要范式（Chen 等，2011；Jacks 等，2011）。Anderson 和 Van Wincoop（2003）通过将多边阻力因素引入传统引力模型建立了一个多国一般均衡的静态模型，不但使传统引力模型具备了微观基础，而且简化了贸易成本测度的方法，使基于贸易流量事后反推双边贸易成本成为该领域的研究典范。随后，Novy（2006；2013）通过继续放松技术假定并考虑双边贸易成本的不对称情形及模型的动态特征，使基于贸易流量反推贸易成本的间接测度法在研究中得到了广泛的应用。

中国通过深度融入全球价值链分工取得了令人瞩目的成就，中国外贸发展的相关问题也因此成为研究的热点，其中利用贸易流量间接测度中国的贸易成本便成为部分学者关注的焦点（施炳展，2008；许德友和梁琦，2010；方虹等，2010；张毓卿和周才云，2015；孙瑾和杨英俊，2016；张静和武拉平，2018；盖庆恩，2019）。许统生等（2011）克服传统贸易模型缺乏微观基础和基于对称性假设的缺陷，利用贸易流量数据测度了 1997—2007 年中国与来自 OECD 的 14 个贸易伙伴之间的制造业贸易成本，结果显示中国与主要贸易伙伴之间的制造业贸易成本总体呈下降趋势；贸易成本因制造业各部门技术属性的不同存在显著差异，高技术部门贸易成本最低，下降最快；贸易成本也因国别或地区不同而存在显著差异，中国同日、韩的双边贸易成本远低于同欧美国家的双边贸易成本。徐海波和张建民（2018）使用 WIOD 提供的 2000—2014 年的贸易数据以及关税数据库提供的关税数据，基于 Head 和 Reis（2001）的方法测度了制造业层面中间产品和最终产品的跨境贸易成本。结果发现，总体呈下降趋势的制造业中间产品和最终产品贸易成本存在较大差异，中间产品的贸易成本明显低于最终产品，而且入世和金融危机等政策性因素对中国制造业贸易成本的变动存在明显的影响。

与直接测度法相比，间接测度法能够综合考虑各种贸易壁垒措施，并且能够定量地测算出实际贸易成本的大小。但是，实际推算过程中也存在一定的难度和复杂性，尤其是对企业的贸易成本进行度量存在较大的难度。

（二）基于引力模型的间接测度原理介绍

Anderson 和 Van（2003）在对称性假设的基础上提出具有微观基础的间接测度贸易成本的引力模型为：

$$x^{ij} = \frac{y^i y^j}{y^W} \left(\frac{t^{ij}}{\prod^i P^j} \right)^{1-\sigma} \tag{2-1}$$

式（2-1）中，上标 i、j 和 W 分别表示 i 国、j 国和世界，x^{ij} 表示 i 国向 j 国的名义出口，y^i 和 y^j 分别表示 i、j 国的名义收入，y^W 表示世界收入（$y^W = \sum_j y^j$），t^{ij} 表示双边贸易成本，σ 表示替代弹性（$\sigma > 1$），$\prod^i$ 和 P^j 则分别表示 i 国和 j 国的价格指数。Novy（2013）通过引入 $t^{ij} \neq t^{ji}$ 来放松贸易成本对称性的假设，则（2-1）式经过修正变为：

$$\tau^{ij} = \left(\frac{t^{ij} t^{ji}}{t^{ii} t^{jj}} \right)^{\frac{1}{2}} - 1 = \left(\frac{x^{ii} x^{jj}}{x^{ij} x^{ji}} \right)^{\frac{1}{2(\sigma-1)}} - 1 \tag{2-2}$$

式（2-2）中，τ^{ij} 表示相对于国内贸易成本 t^{ii} 和 t^{jj} 的双边贸易成本大小，x^{ii} 和 x^{jj} 分别表示国家 i 和 j 的国内贸易，t^{ii} 和 t^{jj} 则分别表示国家 i 和 j 的国内贸易成本，其他变量的含义同式（2-1）。该测度方法并未假设无摩擦的国内贸易，也反映出双边贸易成本高于国内贸易成本的原因。由式（2-2）可以看出，如果相对于国内贸易流量 x^{ii} 和 x^{jj} 的双边贸易流量 x^{ij} 和 x^{ji} 增加，则与国内贸易相比双边贸易变得更加容易，即双边贸易成本 τ^{ij} 下降，反之亦然。因此，该方法可以由可观测到的贸易流量间接反推双边贸易成本的大小，成为目前间接测度贸易成本的主要范式。

上述模型主要用于测度两国整体的双边贸易成本，为了能够测度部门层面的多边贸易成本，下面将基于（2-2）式对模型进行拓展。具体如下：

$$\tau_h^{ij} = \left(\frac{x_h^{ii} x_h^{jj}}{x_h^{ij} x_h^{ji}} \right)^{\frac{1}{2(\sigma-1)}} - 1 \tag{2-3}$$

式（2-3）中，下标 h 表示一国的 h 部门，τ_h^{ij} 表示 i 国和 j 国 h 部门的双边贸易成本，x_h^{ii} 和 x_h^{jj} 分别表示 i 国和 j 国 h 部门的国内贸易，其他变量除特指 h 部门外均与式(2-1)中的含义相同。同样，假设存在多个国家(i, j = 1, 2, 3, …, m)，则式(2-3)可以推广到h部门的多边贸易成本的测度。具体为：

$$\tau_h^{i,\,-i} = \left(\frac{x_h^{ii} x_h^{-i,\,-i}}{x_h^{i,\,-i} x_h^{-i,\,i}} \right)^{\frac{1}{2(\sigma-1)}} - 1 \tag{2-4}$$

式(2-4)中，$-i$代表除i国以外的所有国家，假设此处用$x_h^{i,\,j}$来表示i国h部门对各个国家(包括i国)的贸易总流量，同时$x_h^{i,\,-i}$表示i国h部门对其他国家的贸易流出量($x_h^{i,\,-i} = \sum_{j \neq i} x_h^{ij}$)，$x_h^{-i,\,i}$表示其他国家$h$部门对$i$国的贸易流入量($x_h^{-i,\,i} = \sum_{j \neq i} x_h^{ij}$)，$x_h^{-i,\,-i}$表示其他国家$h$部门的贸易总流量，则依据总量平衡关系可得：$x_h^{-i,\,-i} = \sum_i \sum_j x_h^{ij} - x_h^{ii} - x_h^{i,\,-i} - x_h^{-i,\,i}$。

再假设存在多个部门(h = 1, 2, 3, …, n)，依据上述推导原理进行部门——国别分层加总得到的双边贸易成本的测度公式可以用于考察贸易成本的国别差异。具体公式如下：

$$\tau^i = \frac{1}{m-1} \frac{1}{n} \sum_{j=1,\,j \neq i}^{m} \sum_{h=1}^{n} \tau_h^{ij} \tag{2-5}$$

同样进行国别——国别分层加总得到的双边贸易成本测度公式可以考察贸易成本的部门差异。具体计算公式为：

$$\tau_h = \frac{1}{m} \frac{1}{m-1} \sum_{j=1}^{m} \sum_{i=1,\,i \neq j}^{m} \tau_h^{ij} \tag{2-6}$$

依据式(2-5)和式(2-6)的计算原理，还可以基于双边贸易成本以"国别——部门——国别"或"部门——国别——国别"的分层加总办法测算一国的总贸易成本。但是，$x_h^{i,\,j} = 0$导致τ_h^{ij}无法计算的情形将会使两种加总次序计算而得的一国总贸易成本出现不一致的结果(胡宗彪等，2013；潘文卿等，2017)。具体的两种分层加总办法测算一国的总贸易成本公式为：

$$\tau = \frac{1}{m} \frac{1}{n} \frac{1}{m-1-1} \sum_{i=1}^{m} \sum_{h \neq i}^{n} \sum_{j=1,\,j \neq i}^{m} \tau_h^{ij} \tag{2-7}$$

$$\tau = \frac{1}{m} \frac{1}{m-1} \frac{1}{n-1} \sum_{i=1}^{m} \sum_{j=1,\,j \neq i}^{m} \sum_{h \neq 1}^{n} \tau_h^{ij} \tag{2-8}$$

在传统的产业间分工与贸易模式中，该测度方法可以对贸易成本进行有效的测度。

三、增加值贸易口径下的贸易成本测度方法

全球价值链分工模式下，主导分工的跨国公司将产品生产环节予以标准化，将生产工序在全球范围内进行合理化布局，并采取分工合作的形式，中间零部件产品因此将多次穿越一国关境并被海关统计数据所记录，由此导致传统口径的贸易统计数据出现虚假统计问题。随着全球价值链分工与贸易的深入发展，零部件等中间产品贸易快速增长，成为全球价值链贸易的主要特征，导致双边贸易中普遍存在第三国(部门)效应和大量重复计算的问题。

假定世界由 m 个国家(1，2，$\cdots$，m)(以上标表示)构成，每个国家有 n 个部门(1，2，$\cdots$，n)(以下标表示)，则其对应的 m 国 n 部门的国际投入产出表见表 2-1：

表 2-1 国际投入产出结构关系

投入		产出								总产值
		中间需求				最终需求				
		国家 1	国家 2	$\cdots$	国家 m	国家 1	国家 2	$\cdots$	国家 m	
中间投入	国家 1	Z^{11}	Z^{12}	$\cdots$	Z^{1m}	Y^{11}	Y^{12}	$\cdots$	Y^{1m}	X^1
	国家 2	Z^{21}	Z^{22}	$\cdots$	Z^{2m}	Y^{21}	Y^{22}	$\cdots$	Y^{2m}	X^2
	$\cdots$	$\cdots$	$\cdots$		$\cdots$	$\cdots$	$\cdots$		$\cdots$	$\cdots$
	国家 m	Z^{m1}	Z^{m2}	$\cdots$	Z^{mm}	Y^{m1}	Y^{m2}	$\cdots$	Y^{mm}	X^m
增加值		Va^1	Va^2	$\cdots$	Va^m					
总投入		X^1	X^2	$\cdots$	X^m					

表 2-1 中，Z^{ij} 表示 j 国对 i 国的中间需求。Y^{ij} 表示 j 国对 i 国生产的最终产品需求。Va^i 和 X^i 分别表示国家 i 的增加值和总产出。假定 A 是 $mn \times mn$ 维矩阵，表示全球生产体系，其中 A^{ij} 则表示 j 国单位产出对 i 国中间投入品的需求，反映了全球各经济体间的中间产品贸易情况。因此，在一定时期内，一国的总产

出与其总投入必定相等，即有 $X = AX + Y$。

从表 2-1 可以看出，一个国家出口的产品需要使用他国的中间投入，同样该国的进口产品中有很大的比例将被用作中间投入品，经过加工装配后用于出口满足他国的最终需求。因此，全球价值链分工模式必然存在大量中间产品反复进出一国关境，导致海关编制的传统统计数据存在大量的重复计算。因此，采用上式来进行贸易成本的测度，将无法克服虚假统计问题，导致测度的贸易成本无法反映价值链分工的基本特征，背离分工发展的现实。为有效解决虚假统计问题，本书利用 Wang 等(2017)的增加值贸易分解框架分解而得的增加值贸易数据对以上公式进行改进。

根据投入与产出的关系，可以得到：

$$X = AX + Y = (I - A)^{-1}Y = BY \tag{2-9}$$

式(2-9)中，X 表示各经济体的总产出矩阵，Y 表示各经济体的最终需求矩阵，A 表示全球生产体系矩阵，I 表示单位矩阵，B 表示里昂惕夫逆矩阵。从中可以清晰地看出，一国的产出源于各经济体的最终产品需求。再假定 V 为增加值系数(部门增加值在产出中的占比)，则 j 国各部门的最终需求在 i 国各部门引致的增加值(Va)可以表示为：

$$Va^{ij} = V^{i1}X^{ij} = V^i B^{ii}\left(\sum_{k \neq i} A^{ik}X^{kj} + Y^{ij} \right) \tag{2-10}$$

式(2-10)很好地刻画了全球价值链上中间零部件产品的贸易情况，因而可以用于追溯全球价值链上增加值的真正来源。鉴于此，增加值视角下双边贸易成本测度的引力模型可以被修正为：

$$\overset{\Lambda}{\tau}_h^{ij} = \left(\frac{Va_h^{ii}Va_h^{jj}}{Va_h^{ij}Va_h^{ji}} \right)^{\frac{1}{2(\sigma-1)}} - 1 \tag{2-11}$$

以式(2-11)为基础，采用"国别—部门—国别"或"部门—国别—国别"的分层加总办法来测算一国的总贸易成本，计算结果均一致。具体为：

$$\overset{\Lambda}{\tau} = \frac{1}{m}\frac{1}{n}\frac{1}{m-1}\sum_{i=1}^m \sum_{h=1}^n \sum_{j=1, j\neq i}^m \tau_h^{ij} = \frac{1}{m}\frac{1}{n}\frac{1}{m}\sum_{i=1}^m \sum_{h=1}^n \sum_{j=1, j\neq i}^m \overset{\Lambda}{\tau}_h^{ij} \tag{2-12}$$

$$\overset{\Lambda}{\tau} = \frac{1}{m}\frac{1}{n}\frac{1}{m-1}\sum\nolimits_{i=1}^{m}\sum\nolimits_{j=1,\,j\neq i}^{m}\sum\nolimits_{h=1}^{n}\tau_h^{ij} = \frac{1}{m}\frac{1}{n}\frac{1}{m}\sum\nolimits_{i=1}^{m}\sum\nolimits_{j=1,\,j\neq i}^{m}\sum\nolimits_{h=1}^{n}\overset{\Lambda}{\tau}_h^{ij}$$

$$(2\text{-}13)$$

由于式(2-10)可以清晰地刻画出一国最终需求引致的增加值出口，其中并不包含第三国的中间投入，因此可以有效克服传统贸易统计口径中的虚假统计问题。所以，利用式(2-11)可以有效地测度不同国家之间的贸易成本。

第三节　省际贸易成本测度

贸易成本不仅是开放宏观经济学的核心概念，也是决定国内贸易发展的重要因素。国内外学者对外贸成本的测度作了大量的研究尝试(Novy，2006 和2013；许德友和梁琦，2010；许统生等，2011；胡宗的彪和王恕立，2013；周丹和陆万军，2015)，但是如何将外贸成本的测度方法应用到中国省际贸易成本的测度研究则罕见。目前，关于国内省际贸易成本测度的研究主要是从国内市场分割或一体化程度研究方面开展，在具体研究时主要还是将各种外贸成本测度方法应用到省际贸易成本测度领域。

一、价格指数法在省际贸易成本测度中的应用

价格指数法主要是基于商品"一价定律"的价格关系原理来测度国内贸易成本，并据此分析市场的一体化水平。采用价格指数法来测度国内区际、省际贸易成本的设想起源于 Samuelson 于 1954 年提出的冰山成本模型。该理论指出，贸易商品在交易过程中与冰山非常相似，其价值会由于路途消耗等贸易成本的存在而消耗一部分，因此即使可以完全套利，商品在不同地点的价格也绝对不同，两地的相对价格会存在明显差异，并在一定区间内波动。[1] 国外学者Young(2000)使用1952—1997 年中国各省的各类产品价格和贸易流量，对产品

---

① 刘建，许统生，涂远芬. 交通基础设施、地方保护与中国国内贸易成本[J]. 当代财经，2013(9)：87-99.

结构、价格差异及其份额进行分析，结果显示中国省际产品价格差异没有显著的变化，依然存在明显的差异，反映出中国省际贸易成本较大，市场一体化发展水平较低。对此，也有部分国内学者采用价格指数法来研究，得出了不同结论。陈敏等(2007)使用基于邻省的价值指数法对1985—2001年中国地区间市场分割程度进行研究，发现中国国内的区际贸易成本呈下降趋势，商品市场整合趋势明显。盛斌和毛其淋(2011)选用1985—2008年中国省级面板数据，并采用价格指数法，也进一步证明了中国国内区际贸易成本总体下降，国内贸易对地区人均GDP的贡献度高达17.9%，远高于对外贸易开放7.2%的贡献度，说明中国国内市场进一步整合，市场一体化水平不断提升。刘建等(2013)遵循价格指数法，选取1994—2011年的中国省际面板数据，并采用广义最小二乘法对中国省际贸易成本状况及其影响因素进行测度和实证检验，结果证明大多数省际双边贸易成本出现不同程度的下降，国内市场进一步分工整合，市场一体化水平显著提高。

可以看出，价格指数法在区际、省际贸易成本测度的具体应用中相对比较简单，主要是根据相对价格差异来度量区际、省际贸易成本和市场一体化发展程度。在具体测度时，相对价格的方差大小成为判断区际、省际贸易成本大小的主要依据，但是，相对价格差异并不是影响区际、省际贸易成本的唯一要素，还有诸如空间距离、市场规模、消费者偏好等也是影响贸易成本的重要因素。因此，依据相对价格差异来度量区际、省际贸易成本存在一定的局限性和偏差性(刘建等，2013)。

二、边界效应模型在省际贸易成本测度中的应用

边界效应通常指国家边界对国际贸易流量的负面影响(Evans，2003)。换言之，在收入、地理距离等条件相同的情况下，两国之间的贸易规模远小于一国内部两个地区之间的贸易量。McCallum(1995)最早对边界效应进行实证研究，通过对美国各州和加拿大各省之间的贸易规模的影响因素进行考察，发现在同等经济规模和地理距离的条件下，加拿大各省之间的平均贸易量是其各省与美国各州之间贸易量的22倍，并据此对两国之间贸易的边界效应进行估计，

认为存在显著的贸易边界效应。

边界效应不仅存在于国与国之间的贸易，在一国内部不同地区的交易中同样存在边界效应，即国内边界效应。通常情况下，国内边界效应对国内贸易流量的负面影响要远小于国际边界效应对国际贸易流量的负面影响。以美国为例，Wolf 通过研究证实美国一些经济独立的州内部的贸易额远远超过这些州相互之间的贸易额。Nitsch 以欧盟作为研究标的，也发现欧盟一些国家的国内贸易额要超出这些国家之间贸易额的十倍，再次证实了贸易的国内边界效应要远小于国际边界效应。

部分学者也将边界效应模型应用于中国的区际、省际贸易成本研究，并据此分析中国国内区域市场的一体化发展程度。Poncet(2003)采用边界效应模型对中国省际贸易成本进行度量，发现中国 1997 年的省际贸易成本远高于 1987年的省际贸易成本，考察期内中国省际贸易强度呈下降趋势，说明中国国内市场分割严重，市场一体化程度有待提升。Naughton(2000)采用边界效应模型研究中国的区际贸易成本，却发现中国的区际贸易成本是下降的，中国的对外开放倒逼地方政府加强区际分工合作，国内市场一体化程度也因此得到发展。行伟波等(2009)运用边界效应模型也证实中国的区际贸易成本在 2003—2005 年没有持续上升，国内市场一体化已经处于较高水平。

此外，通过比较这些学者的研究成果还可以发现，影响一国国内区际、省际贸易成本和市场一体化发展的因素还有地方政府的保护政策。地方保护政策导致市场分割，严重阻碍了一国内部区际、省际贸易和市场一体化发展(Bai等，2004；行伟波和李善同，2012)。部分学者还从理论上探讨了地方保护行为的影响，指出财政分权改革、地方官员的职位晋升是导致地方保护的重要因素(刘建等，2013)。

三、基于贸易流量的反推贸易成本测度法在省际贸易成本测度中的应用

无论 Young(2000)、Poncet(2003)、盛斌和毛其淋(2011)、刘建等(2013)利用边界效应或价格指数来研究中国区际、省际贸易成本，还是行伟波和李善

同（2009）采用增值税数据来研究中国区际、省际贸易成本，都仅分析区际、省际贸易成本影响因素的一部分，而且缺乏理论基础。实际上，贸易成本不仅包括运输成本、政策壁垒（关税与非关税壁垒）、信息成本、制度成本等（Anderson 和 Van Wincoop，2004），还包括搜寻与匹配成本、语言沟通成本等。当然，最重要的贸易成本还是运输成本和政策性壁垒成本。

为此，基于贸易流量的事后反推贸易成本测度法得到了广泛的应用，国内部分学者开始将此外贸成本测度方法运用于中国区际、省际贸易成本的研究中。但是，无论盛斌等（2011）、刘建（2103）和王菲等（2023）利用边界效应或价格指数来研究中国区际贸易成本，还是行伟波和李善同（2009）采用增值税数据来研究中国区际贸易成本，抑或崔鑫生等（2019）从制度规则安排带来的贸易便利化，韩佳容（2021）和李自若等（2022）使用刻画行政和地理等因素的 Head-Ries 指数，赵静梅等（2023）使用信息搜寻成本和物流运输成本等来研究中国省际贸易成本，都仅仅分析了区际贸易成本的一部分影响因素。许统生等（2013）率先将基于贸易流量的事后反推的贸易成本测度法应用于中国省际贸易成本的研究中，并据此测算了中国的省际贸易成本，结果发现中国省际贸易成本逐步下降，而且存在显著的行业差异，制造业的贸易成本最低。潘文卿等（2017）使用 1997　2007 年中国区域投入产出数据来测算中国区域间贸易成本，结果却显示中国区域间贸易成本总体是上升的，下降仅仅表现在入世后的一段时期。

虽然上述研究均尝试将基于贸易流量的事后反推贸易成本测度法应用到中国区际、省际贸易成本测度研究中，并取得了富有价值的研究成果，但是这些研究成果都存在一个共同的问题，即利用传统贸易统计口径的贸易流量数据来进行测度。鉴于全球价值链分工的属性特征，广泛存在的大量零部件等中间产品频繁多次进出一国关境而导致的重复计算问题无法有效剔除，因此基于传统统计口径的贸易流量数据测度的贸易成本必然会出现测度偏误，无法客观有效地反映贸易成本的实际状况。因此，袁凯华等（2019）首次将 Novy（2013）改进的贸易成本测算模型拓展到增加值贸易视角，并利用中国区域投入产出数据基于传统贸易和增加值贸易统计口径分别对中国区际贸易成本进行测算和比较。

测度结果显示：1997—2007 年中国的区际贸易成本总体呈大幅下降的趋势，但是这种趋势存在显著的地区和部门差异，并且中国内部区域间的价值链分工存在明显的低端化整合现象。这个结果有别于上述基于传统统计口径的贸易流量数据测度的贸易成本所表现出的情况，更加真实地刻画了中国区际价值链分工的状况及格局，可以为政府当局的政策设计提供有效的数据支持和政策参考。本书也将基于增加值贸易视角改进的 Novy（2013）贸易成本测度模型，对长三角整体以及区域内部省际贸易成本进行有效测度，并据此分析长三角地区价值链分工合作的状况和格局，希望为长三角一体化水平提升提供可以借鉴的实施路径。

第四节　本章小结

本章首先介绍贸易成本的概念及贸易成本的存在对贸易模式和贸易结构发展变化产生的潜在影响，并系统回顾了国际贸易成本的直接测度法、间接测度法及两种主要测度方法的优缺点。基于此，针对全球价值链分工背景下传统统计口径的测度方法存在的主要问题进行剖析，本章提出使用增加值贸易数据对贸易成本的间接测度方法进行拓展，以克服传统统计口径下统计数据存在的虚假统计与第三国效应问题。最后，本章将国际贸易成本测度方法中价格指数法、边界效应模型和基于贸易流量的反推贸易成本法应用到省际贸易成本的研究领域，并采用增加值贸易统计数据对 Novy（2013）贸易成本测度模型进行改进和拓展，以作为长三角省际贸易成本测度将使用的模型，使其更加能够反映出长三角省际价值链分工与贸易的真实面貌及其变化特征，为长三角地区实现更高水平一体化发展提供数据支撑。

第三章　长三角省际贸易成本

前面在介绍各种外贸成本测度方法时已经着重指出，基于贸易流量的事后反推贸易成本的测度方法可以较好地考虑各种因素，成为在贸易成本研究领域被普遍采用的研究范式。本章将基于增加值统计口径下的数据并利用该测度法对长三角整体及省际贸易成本进行测度，将其同传统统计口径下测度的贸易成本进行比较，力求刻画出长三角省际贸易成本的真实状况。

第一节　传统统计口径下长三角整体区际贸易成本

为了便于比较分析以及鉴于数据的可得性，本书将中国划分为八大区域，分别为东北地区（黑龙江、吉林、辽宁）、京津地区（北京、天津）、北部沿海地区（河北、山东）、长三角地区（江苏、上海、浙江、安徽）、南部沿海地区（福建、广东、海南）、中部地区（山西、河南、湖北、湖南、江西）、西北地区（内蒙古、陕西、宁夏、甘肃、青海、新疆）、西南地区（四川、重庆、云南、贵州、广西、西藏）。具体测算时，本书首先使用 2012 年、2015 年和 2017 年"中国省市区域间投入产出表"中的投入产出数据，对中国的 8 大区域区际贸易成本进行测度和分析。然后将从整体上测度长三角的区际贸易成本，并与其他经济区域进行比较。

一、传统统计口径下的长三角整体区际贸易成本

本部分首先基于传统统计口径下的贸易数据对长三角区际贸易成本进行整体测度，而后再将其与基于增加值贸易统计数据测度的贸易成本数据进行对比，以便可以更加清晰地了解长三角区际贸易成本的真实情况、区际贸易格局及演变趋势。传统统计口径下的长三角整体区际贸易成本测度结果如表 3-1 所示。

依据表 3-1，在使用传统统计口径的数据测度的中国八大经济区域整体区际贸易成本中，长三角整体区际贸易成本是最低的，这很好地说明了长三角地区作为全国经济增长的重要拉动区域，经济发展总体处于全国最高的发展水平和开放水平，区际贸易成本也处于最低水平。从区际贸易成本数值的变动情况来看，2015 年之前长三角整体区际贸易成本呈下降趋势，2015 年之后则出现一定幅度的上升。中国其他七个经济区域的整体区际贸易成本中，仅有京津冀地区、北部沿海地区和中部地区表现出相同的变化趋势。这可能主要是因为

2015 年后，中国作为世界第二大经济体，外贸发展的外部环境日趋复杂，外贸摩擦纠纷越来越多，致使开放度高的长三角区域与其他区域的分工与合作受到了较大的影响，整体区际贸易成本也出现了较大幅度的上升。

此外，整个考察期内包括长三角在内的中国八大经济区域整体区际贸易成本的变化不大，2017 年各经济区域的区际贸易成本与 2012 年的水平基本持平。

表 3-1　传统统计口径下中国八大区域整体区际贸易成本

单位:%

经济区域	2012 年	2015 年	变动率	2017 年	变动率
东北地区	45.60	43.86	−3.80	38.27	−12.74
京津地区	48.13	45.50	−5.46	45.79	0.63
北部沿海地区	57.33	56.46	−1.52	56.78	0.56
长三角地区	38.82	37.72	−2.84	40.38	7.07
南部沿海地区	54.77	52.10	−4.86	43.19	−17.11
中部地区	45.34	43.22	−4.69	44.12	2.09
西北地区	46.47	45.08	−2.98	42.42	−5.89
西南地区	48.62	46.07	−5.24	44.49	−3.44

二、传统统计口径下的长三角各部门整体区际贸易成本

2012 年、2015 年和 2017 年发布的"中国省市区域间投入产出表"共涵盖 42 个部门，具体为农林牧渔产品和服务（S01），煤炭采选产品（S02），石油和天然气开采产品（S03），金属矿采选产品（S04），非金属矿和其他矿采选产品（S05），食品和烟草（S06），纺织品（S07），纺织服装鞋帽皮革羽绒及其制品（S08），木材加工品和家具（S09），造纸印刷和文教体育用品（S10），石油、炼焦产品和核燃料加工品（S11），化学产品（S12），非金属矿物制品（S13），金属冶炼和压延加工品（S14），金属制品（S15），通用设备（S16），专用设备

（S17），交通运输设备（S18），电气机械和器材（S19），通信设备、计算机和其他电子设备（S20），仪器仪表（S21），其他制造产品（S22），金属制品、机械和设备修理服务（S23），电力、热力的生产和供应（S24），燃气生产和供应（S25），水的生产和供应（S26），建筑（S27），批发和零售（S28），交通运输、仓储和邮政（S29），住宿和餐饮（S30），信息传输、软件和信息技术服务（S31），金融（S32），房地产（S33），租赁和商务服务（S34），科学研究（S35），技术服务（S36），水利、环境和公共设施管理（S37），居民服务、修理和其他服务（S38），教育（S39），卫生和社会工作（S40），文化、体育和娱乐（S41）、公共管理、社会保障和社会组织（S42）。

根据表3-2可知，长三角各部门整体区际贸易成本大体上也呈现出与长三角整体区际贸易成本基本相同的演变趋势，42个部门中有30个部门贸易成本在2015年之前均是下降的，仅12个部门的贸易成本呈上升趋势，致使与2012年相比，长三角整体区际贸易成本是下降的；2017年42个部门中21个部门的贸易成本均出现不同程度的上升趋势，这使得与2015年相比，2017年长三角整体区际贸易成本出现了明显的上升。

表3-2 传统统计口径下长三角各部门整体区际贸易成本

单位:%

部门	2012 年	2015 年	变动率	2017 年	变动率
S01	37.61	40.29	7.13	63.12	56.68
S02	31.46	30.48	−3.10	48.28	58.41
S03	84.48	60.27	−28.66	88.23	46.40
S04	30.34	26.68	−12.08	28.32	6.16
S05	36.81	37.92	3.03	46.95	23.82
S06	32.85	33.68	2.52	34.12	1.31
S07	20.26	25.68	26.75	27.92	8.71
S08	20.98	27.26	29.92	26.54	−2.65
S09	32.70	31.82	−2.69	33.56	5.48

续表

部门	2012 年	2015 年	变动率	2017 年	变动率
S10	36.76	43.96	19.60	28.52	−35.11
S11	34.75	32.87	−5.41	37.02	12.62
S12	34.36	33.76	−1.77	29.51	−12.57
S13	39.05	38.08	−2.48	39.30	3.21
S14	37.21	36.50	−1.90	32.37	−11.33
S15	45.73	40.77	−10.84	41.37	1.48
S16	33.49	30.74	−8.23	31.89	3.75
S17	30.28	24.53	−18.98	24.21	−1.32
S18	37.11	32.48	−12.46	35.54	9.41
S19	33.72	39.72	17.78	31.88	−19.74
S20	25.61	33.06	29.08	21.94	−33.62
S21	29.76	40.46	35.97	30.46	−24.71
S22	21.47	23.23	8.20	21.36	−8.07
S23	75.16	20.58	−72.62	19.23	−6.56
S24	13.28	13.67	2.96	64.16	369.38
S25	77.88	65.11	−16.40	33.48	−48.58
S26	53.72	36.10	−32.79	34.21	−5.24
S27	38.14	55.70	46.04	65.21	17.06
S28	47.41	46.66	−1.59	40.23	−13.77
S29	40.77	33.64	−17.50	33.54	−0.29
S30	34.58	32.03	−7.38	38.64	20.64
S31	40.08	37.39	−6.71	28.51	−23.75
S32	41.68	40.64	−2.50	45.53	12.04
S33	62.24	43.89	−29.47	68.42	55.89
S34	52.85	60.11	13.73	54.69	−9.00
S35	46.28	43.88	−5.17	27.78	−36.69
S36	43.90	37.59	−14.39	35.26	−6.19

续表

部门	2012 年	2015 年	变动率	2017 年	变动率
S37	46.18	43.07	−6.74	53.33	23.82
S38	62.69	59.64	−4.85	47.38	−20.56
S39	53.34	50.23	−5.83	55.19	9.86
S40	61.31	50.46	−17.69	48.46	−3.97
S41	42.42	44.09	3.95	55.55	25.99
S42	93.08	86.82	−6.73	77.19	−11.09

但是进一步比较可以发现，考察期内长三角各部门整体区际贸易成本的变化存在明显的异质性。从绝对水平来看，2012 年、2015 年和 2017 年区际贸易成本最高的部门均是 S42，贸易成本分别为 93.08%、86.82% 和 77.19%，而同期贸易成本水平最低的部门则分别为 S24、S24 和 S23，贸易成本分别为 13.28%、13.67% 和 19.23%。从贸易成本的演变趋势来看，与 2012 年相比，2015 年长三角部门层面区际贸易上升和下降幅度最大的两个部门分别是 S27 和 S23，其上升和下降幅度分别为 46.04% 和 72.62%；与 2015 年相比，2017 年长三角部门层面区际贸易成本上升和下降幅度最大的两个部门分别为 S24 和 S35，其上升和下降幅度分别为 369.38% 和 36.69%。根据传统统计口径测度的长三角部门层面的整体区际贸易成本绝对水平和相对变化情况来看，长三角各部门整体区际贸易成本的存在显著的差异，反映出长三角部门层面分工贸易的发展状况和竞争优势的差异。

三、传统统计口径下长三角各省(市)整体区际贸易成本

表 3-3 给出了传统统计口径下测度的长三角各省(市)对外的整体区际贸易成本水平及变动情况。从贸易成本的绝对水平来看，长三角区域内上海对中国其他经济区域的整体区际贸易成本最低，2012 年和 2015 年分别为 45.62% 和 47.03%，而同期长三角区域内贸易成本最高省份均为浙江。2012 年和 2015 年，浙江对中国其他区域的整体区际贸易成本分别为 57.63% 和 51.75%，比同期上海的贸易成

本分别高出 12.01 和 4.72 个百分点。从变动率来看，考察期内，贸易成本下降幅度最大的为浙江，与 2012 年相比，2015 年浙江对中国其他区域的整体区际贸易成本降幅为 10.21%，而同期上海的贸易成本不但没有下降，反而升幅达到 3.10%。与 2015 年相比，2017 年贸易成本降幅最大的仍然为浙江，降幅达到了 10.49%，而同期江苏的贸易成本出现大幅上升，升幅高达 13.62%。

表 3-3　传统统计口径下长三角各省（市）对外部区域的整体区际贸易成本

单位：%

省/直辖市	2012 年	2015 年	变动率	2017 年	变动率
江苏	51.78	48.47	−6.40	55.07	13.62
上海	45.62	47.03	3.10	47.05	0.05
浙江	57.63	51.75	−10.21	46.32	−10.49
安徽	53.98	51.50	−4.59	55.75	8.25

可以看出，上海为长三角经济区域内贸易成本最低的地区，这与上海的经济发展水平、区域开放和分工合作的深入程度高度密切相关。但是，受到国际经贸环境的影响，上海与中国其他省份的分工合作受到了一定的影响，贸易成本呈现小幅上升。上海作为长三角经济发展的中心，应该发挥更大的引领和辐射作用，推动长三角区域内部及与中国其他区域的分工合作，实现长三角区域经济的整体快速发展。

四、传统统计口径下长三角各省（市）部门层面整体区际贸易成本

从具体部门层面来看，传统统计口径下长三角各省（市）对外部的整体区际贸易成本情况如表 3-4 所示。长三角各省（市）对外部的部门层面整体区际贸易成本也存在显著的差异。2012 年，江苏、上海、浙江和安徽部门层面区际贸易成本最低的部门分别为 S26、S27、S36 和 S24，其贸易成本分别为 17.66%、16.88%、18.68% 和 23.39%；区际贸易成本最高的部门则分别为 S36、S28、S33 和 S34，贸易成本分别为 125.80%、102.95%、195.27% 和 125.50%。2017 年，

江苏、上海、浙江和安徽部门层面区际贸易成本最低的部门变为 S26、S33、S35和 S21，其贸易成本分别为 14.92%、17.12%、15.93% 和 24.46%；贸易成本最高的部门则变为 S42、S01、S24 和 S29，区际贸易成本分别为 230.10%、83.66%、79.18% 和 117.60%。可以看出，江苏、上海、浙江和安徽部门层面的区际贸易成本存在比较大的差异，说明长三角内部各省(市)的部门层面之间的竞争优势存在显著的互补关系，各省(市)可以大力发展自身的优势产业，深化长三角区域内的行业部门之间的分工与整合，提高分工合作的整体水平，降低贸易成本，实现长三角区域部门间的高水平一体化发展。

虽然长三角区域各省(市)对外的部门层面区际贸易成本存在显著差异，但是也可以看出各省(市)S26 部门的贸易成本均相对较低，可以算得上是长三角区域的优势产业部门了，而 S31、S32、S33 这几个部门的贸易成本均比较高。这说明长三角各省(市)在个别部门方面同时存在竞争优势或竞争劣势。对于各省(市)贸易成本均比较高的部门，长三角应该加大技术研发和产业升级力度，注重深化同国外或者国内其他经济区域的分工合作，改变相对落后的不利局面。

此外，从各部门贸易成本的变化趋势来看，考察期内江苏、上海、浙江和安徽对外部的部门层面区际贸易成本总体也是经历了先升后降的变化趋势，与长三角整体的区际贸易成本变化趋势类似。

表 3-4　传统统计口径下长三角各省(市)对外部区域部门层面区际贸易成本

单位:%

部门	2012 年				2015 年				2017 年			
	江苏	上海	浙江	安徽	江苏	上海	浙江	安徽	江苏	上海	浙江	安徽
S01	67.43	77.69	68.18	47.96	65.89	79.38	68.71	45.10	62.76	83.66	51.03	68.56
S02	—	—	87.26	38.11	—	—	131.26	36.92	—	—	78.91	70.09
S03	—	61.22	—	—	—	61.52	—	—	—	64.10	—	—
S04	—	—	62.36	52.61	—	—	79.26	16.12	—	—	—	47.20

续表

部门	2012 年				2015 年				2017 年			
	江苏	上海	浙江	安徽	江苏	上海	浙江	安徽	江苏	上海	浙江	安徽
S05	—	—	46.98	38.90	—	—	44.93	33.62	49.00	—	72.40	66.69
S06	51.56	37.32	51.67	39.57	51.03	41.85	56.68	37.99	48.98	54.65	42.90	53.87
S07	40.23	43.70	35.59	40.20	39.61	51.73	38.88	36.85	76.97	58.32	32.54	44.84
S08	59.47	38.43	34.78	41.53	59.74	—	38.25	36.63	49.86	52.12	45.65	45.68
S09	42.44	40.79	49.20	37.61	42.66	48.71	64.98	34.31	43.01	48.32	39.00	—
S10	—	56.99	68.07	48.73	—	72.66	60.52	43.26	44.76	40.15	37.18	44.75
S11	59.55	46.75	34.54	36.84	58.88	44.18	33.87	34.06	61.78	48.29	41.84	56.26
S12	43.56	42.13	44.33	41.01	44.29	23.37	47.14	37.43	40.48	—	40.41	54.81
S13	39.28	51.04	55.04	58.31	41.49	55.72	67.75	58.98	54.58	29.14	33.99	67.25
S14	55.03	44.79	45.55	34.41	57.32	55.49	47.82	31.87	42.40	—	53.05	59.12
S15	—	57.64	64.40	53.09	—	63.43	68.55	51.99	73.27	38.55	58.40	—
S16	39.59	37.72	56.11	41.48	46.76	−2.72	51.76	36.27	53.54	—	37.50	33.44
S17	47.21	—	59.50	51.10	23.58	—	71.31	46.83	47.40	—	29.28	39.14
S18	95.59	33.05	48.74	42.11	95.66	8.37	50.11	37.88	53.39	43.58	36.42	58.48
S19	46.16	34.04	52.89	45.87	48.02	41.34	54.20	40.32	52.04	41.71	52.48	39.50
S20	39.43	34.99	60.66	58.51	41.91	—	50.99	40.36	41.77	53.13	30.99	42.07
S21	—	36.60	50.33	57.79	—	—	51.41	49.69	28.30	—	18.31	24.46
S22	—	19.92	31.31	65.32	—	23.88	30.00	54.70	167.07	33.82	18.63	45.84
S23	—	68.55	70.11	48.76	—	62.88	56.81	36.22	—	19.34	62.61	31.13
S24	25.05	88.51	23.39	—	23.48	82.61	19.88	93.34	—	79.18	85.42	
S25	—	—	131.31	85.42	—	—	132.05	77.85	51.72	—	47.73	76.74
S26	17.66	—	—	56.78	16.44	—	—	51.51	14.92	17.16	62.18	35.58
S27	—	16.88	—	54.77	—	17.33	—	55.32	19.33	62.81	64.70	91.79
S28	38.45	102.95	—	86.69	38.03	100.6	—	85.66	49.75	66.30	40.57	94.54
S29	—	85.57	49.59	32.54	17.21	92.74	47.10	30.83	46.34	31.63	43.38	117.6

续表

部门	2012 年				2015 年				2017 年			
	江苏	上海	浙江	安徽	江苏	上海	浙江	安徽	江苏	上海	浙江	安徽
S30	52.87	32.61	62.80	36.56	52.20	34.05	62.23	31.45	108.9	—	55.40	98.71
S31	114.32	57.65	36.78	61.99	114.2	62.22	38.26	60.44	68.50	32.08	25.62	77.37
S32	41.92	44.39	116.84	74.40	40.32	43.89	116.5	71.30	67.96	43.64	57.46	79.81
S33	86.82	65.06	195.27	60.46	87.12	78.56	220.3	63.27	91.92	17.12	16.62	71.93
S34	—	18.33	—	125.5	—	18.99	—	125.4%	85.78	62.49	78.39	90.26
S35	57.43	55.31	—	39.93	56.84	52.33	—	36.35	—	36.06	15.93	91.77
S36	125.8	49.28	18.68	79.37	124.5	45.25	17.43	80.74	84.02	25.82	16.64	86.62
S37	—	—	34.66	50.33	—	—	35.78	51.17	66.29	—	—	69.36
S38	20.69	61.70	91.66	69.29	—	66.26	99.55	55.94	86.67	68.66	41.13	50.11
S39	—	79.61	130.36	55.52	—	70.35	135.90	57.75	—	65.94	64.01	83.70
S40	—	97.40	—	—	—	97.63	20.24	—	92.48	61.79	—	—
S41	—	63.80	40.60	50.44	—	54.10	53.30	47.13	56.60	—	71.92	55.06
S42	—	23.02	—	—	—	19.77	—	—	230.1	28.18	20.51	77.89

注：贸易流量为 0 时，传统统计口径下的长三角各省(市)部门层面整体区际贸易成本
不可计算，此时用"—"表示。

第二节　传统统计口径下长三角区域省际贸易成本

上节主要基于传统统计口径测度了长三角整体、行业部门以及省级层面的
区际贸易成本状况，并同中国其他几大经济区域进行比较，较好地分析了长三
角整体、各省(市)对外部区域整体的区际贸易成本现状及贸易分工格局。为
了更好地了解长三角各省(市)之间贸易成本的情况及其差异，本节将利用传
统统计口径的数据测度长三角区域内部省际双边贸易成本，以便更好地展示长
三角省际双边贸易成本的整体差异及部门层面差异，有针对性地厘清长三角各

省(市)省际分工合作的实际情况及演变趋势。

一、传统统计口径下长三角省际贸易成本

根据表 3-5 可知,利用传统统计口径的数据测度出的长三角省际贸易成本呈现明显的大幅波动,而且省际贸易成本在绝对水平和波动趋势上存在显著的差异。从波动趋势来看,江苏与上海之间的贸易成本一直是小幅上升的,江苏与浙江、浙江与安徽之间的贸易成本则呈现先降后升的波动趋势,江苏与安徽、上海与浙江之间的贸易成本一直呈现大幅下降的趋势,上海与安徽之间的贸易成本则呈现大幅上升的趋势。

表 3-5 传统统计口径下长三角省际双边贸易成本

单位:%

省/直辖市	2012 年				2015 年				2017 年			
	江苏	上海	浙江	安徽	江苏	上海	浙江	安徽	江苏	上海	浙江	安徽
江苏	—	73.91	100.83	91.77	—	77.32	80.81	82.72	—	81.22	83.26	69.82
上海	73.91	—	86.76	70.46	77.32	—	84.64	71.06	81.22	—	71.64	88.78
浙江	100.83	86.76	—	90.72	80.81	84.64	—	81.61	83.26	71.64	—	83.62
安徽	91.77	70.46	90.72	—	82.72	71.06	81.61	—	69.82	88.78	83.62	—

从绝对数值来看,2012 年,上海与安徽之间的贸易成本最低,贸易成本为 70.46%;其次为上海与江苏之间的贸易成本,贸易成本为 73.91%;贸易成本最高的则为浙江与江苏之间的贸易成本,高达 100.83%。与 2012 年相比,2015 年省际贸易成本最低的省份仍为上海与安徽之间的双边贸易成本,其水平为 71.06%;省际贸易成本最高的省份则发生了变化,上海与浙江之间的贸易成本最高,达到 84.64%。但是,到 2017 年,长三角区域内省际贸易成本最低的则变为江苏与安徽之间的贸易成本,贸易成本水平为 69.82%;而贸易成本水平最高的则出现在上海与安徽之间,贸易成本水平为 88.78%。上海与安

徽之间的贸易成本水平从 2012 年的区域内最低变成了区域内最高。可以看出，除了经济发展水平、产业发展层次及区域互补性等因素影响贸易成本的变化及分工格局，地理位置所引起的经济距离也是影响贸易成本高低非常重要的因素。同其他省际双边贸易成本相比，上海与安徽之间的距离在长三角区域内是最远的，成为导致上海与安徽之间贸易成本下降的最不利影响因素。

二、传统统计口径下长三角部门层面省际贸易成本

考察期内，传统统计口径下长三角部门层面省际双边贸易成本总体呈现上升趋势，多数省际部门层面双边贸易成本与长三角省际整体双边区际贸易成本呈现同样的波动趋势。此外，传统统计口径下长三角相同部门层面不同省际双边贸易成本和相同省际不同部门层面的双边贸易成本存在显著的差异。这说明长三角各省际没有很好地整合彼此的价值链分工合作，而且可能由于内部彼此竞争的负面影响弱化了相互之间的分工整合趋势，导致多数省际部门层面的贸易成本出现了一定程度的上升(见表 3-6)。

三、传统统计口径下长三角省际贸易成本演变趋势

首先，传统统计口径下长三角整体的省际贸易成本和长三角各省(市)整体的省际贸易成本均呈现先小幅下降后小幅上升的趋势。考察期内，虽然长三角整体省际贸易成本有所波动，但是长三角省际整体双边贸易成本和省际部门层面双边贸易成本在绝对水平和变动趋势方面均存在显著的差异。2012 年，上海与安徽之间的双边贸易成本最低，浙江与江苏之间的双边贸易成本最高。到 2017 年，江苏与安徽之间的双边贸易成本变为最低的，而上海与安徽之间的双边贸易成本水平则是最高的。江苏与上海、上海与安徽之间的双边贸易成本呈上升趋势，江苏与浙江、浙江与安徽之间的双边贸易成本呈现先降后升的变动趋势，而江苏与安徽、上海与浙江之间的双边贸易成本一直呈现下降的趋势。其次，传统统计口径下测度的长三角省际双边贸易成本在不同省际和部门间存在显著的差异。这说明长三角内部各省(市)、各部门之间的分工整合非常不平衡，整体双边贸易成本比较高的省际或者部门层面双边贸易成本比较高

表3-6 传统统计口径下长三角部门层面省际贸易成本

单位：%

部门	2012年 沪苏	沪浙	沪皖	苏浙	苏皖	浙皖	2015年 沪苏	沪浙	沪皖	苏浙	苏皖	浙皖	2017年 沪苏	沪浙	沪皖	苏浙	苏皖	浙皖
S01	135.83	134.45	108.65	126.12	98.99	99.75	136.17	138.61	106.87	124.29	92.82	96.25	102.74	77.08	122.87	49.55	69.59	122.87
S02	—	—	—	—	—	106.63	—	—	—	—	—	155.13	—	—	—	—	—	—
S03	—	—	—	—	—	—	—	—	—	—	—	—	—	—	—	—	—	—
S04	—	—	—	—	—	98.03	—	—	—	—	—	60.62	—	—	—	—	—	60.62
S05	—	—	—	—	—	81.09	—	—	—	—	—	69.89	—	98.95	—	98.95	97.83	—
S06	71.35	71.71	58.64	90.44	74.93	76.28	75.36	82.21	60.60	94.25	70.24	77.84	98.12	90.42	106.04	82.21	97.15	106.04
S07	83.29	110.94	76.44	79.57	139.62	72.57	89.55	92.81	82.96	72.94	76.02	69.39	142.31	73.60	100.55	92.73	122.64	100.55
S08	110.72	113.64	80.17	107.96	159.37	80.27	—	—	—	123.47	120.90	65.54	115.79	110.55	109.95	105.32	104.74	109.95
S09	62.45	71.09	58.50	75.03	58.02	70.36	70.95	94.45	63.18	90.41	51.27	80.93	69.20	27.09	—	33.67	—	—
S10	—	115.21	96.46	—	—	107.59	—	123.73	108.14	—	—	91.51	78.88	68.18	80.07	72.56	84.77	80.07
S11	104.67	65.95	78.92	88.13	89.38	63.31	99.36	60.19	71.99	83.56	82.64	57.16	102.19	65.78	98.86	88.79	110.36	98.86
S12	63.52	62.43	65.14	65.71	61.19	66.71	42.42	44.41	39.94	70.40	57.38	66.71	—	—	—	65.26	85.10	—
S13	57.82	68.27	86.85	65.62	67.93	94.26	68.14	83.44	96.53	75.94	71.64	103.82	109.74	16.33	134.79	96.53	57.72	134.79
S14	84.71	71.76	62.81	84.97	69.71	62.58	100.42	85.29	72.31	88.73	66.95	61.57	—	—	—	76.64	91.61	—

续表

部门	2012年						2015年						2017年					
	沪苏	沪浙	沪皖	苏浙	苏皖	浙皖	沪苏	沪浙	沪皖	苏浙	苏皖	浙皖	沪苏	沪浙	沪皖	苏浙	苏皖	浙皖
S15	—	89.40	82.91	—	—	89.82	—	108.41	97.15	—	—	102.59	87.11	59.00	—	104.93	—	—
S16	64.61	82.67	69.51	86.94	67.56	91.97	22.10	27.11	16.63	94.64	69.69	85.10	—	—	—	76.17	66.86	—
S17	—	—	—	106.11	91.57	114.93	—	—	—	81.80	53.62	125.61	—	—	—	68.21	77.98	—
S18	125.72	70.40	67.29	155.19	142.01	88.61	85.56	40.57	34.08	162.84	138.22	89.11	87.83	61.79	100.62	79.09	106.55	100.62
S19	62.62	72.67	66.99	87.30	74.89	91.74	70.17	79.04	67.30	86.58	65.54	82.59	83.43	79.98	77.66	95.25	78.91	77.66
S20	60.75	86.94	89.46	94.36	89.92	128.38	—	—	—	83.48	68.38	90.95	95.79	71.86	103.03	62.66	78.02	103.03
S21	101.88	—	117.35	—	—	142.20	—	—	—	—	—	129.62	—	—	—	29.73	38.79	—
S22	44.11	—	90.07	—	—	102.99	—	50.84	92.51	—	—	95.25	202.84	32.78	81.77	155.17	211.83	81.77
S23	120.10	105.30	—	—	—	98.75	—	122.91	105.49	—	—	90.41	—	89.89	65.12	—	—	65.12
S24	133.47	—	56.52	—	—	136.21	—	121.60	48.06	—	—	122.56	—	—	—	159.54	166.33	—
S25	—	—	—	—	—	196.47	117.29	—	—	—	—	199.81	—	—	—	104.98	147.01	—
S26	—	—	—	—	22.47	—	—	—	—	—	224.79	—	278.46	276.87	248.88	296.89	266.88	248.88
S27	—	—	22.89	—	—	—	—	—	26.70	—	—	—	206.74	285.45	274.56	320.83	193.19	274.56
S28	115.43	—	199.29	—	98.34	—	—	—	199.92	—	101.29	—	103.59	90.85	167.67	71.69	140.80	167.67
S29	—	118.67	92.53	—	—	55.67	21.39	132.19	104.24	215.97	218.19	55.42	58.52	55.51	138.14	73.72	166.03	138.14

续表

部门	2012年						2015年						2017年					
	沪苏	沪浙	沪皖	苏浙	苏皖	浙皖	沪苏	沪浙	沪皖	苏浙	苏皖	浙皖	沪苏	沪浙	沪皖	苏浙	苏皖	浙皖
S30	60.10	71.15	44.20	100.06	68.55	80.19	67.56	79.31	45.64	104.67	66.24	77.90	—	—	—	162.28	224.17	—
S31	159.12	60.25	96.34	118.92	168.22	65.88	171.00	69.56	102.42	126.56	170.47	69.22	87.03	38.51	99.02	77.34	154.82	99.02
S32	44.49	128.36	83.69	125.41	81.32	186.56	50.89	136.70	89.27	128.88	83.02	187.10	74.19	64.52	89.18	94.74	123.92	89.18
S33	108.12	232.45	78.63	282.26	105.40	228.11	149.45	191.89	116.86	211.06	128.69	287.49	301.55	298.63	241.34	293.29	166.03	241.34
S34	—	—	21.86	—	—	—	—	—	305.50	—	—	—	133.49	123.25	143.13	153.47	176.05	143.13
S35	81.07	—	62.26	—	64.57	—	78.67	—	55.93	—	59.10	—	—	198.40	162.02	—	—	162.02
S36	153.94	21.44	103.67	36.64	213.51	23.13	172.10	205.46	120.20	362.72	242.87	272.85	108.11	184.75	88.03	297.24	210.64	88.03
S37	—	—	—	—	—	52.36	—	—	—	—	—	63.11	—	—	—	—	136.19	—
S38	34.09	33.00	30.27	35.40	32.47	31.44	—	148.14	94.96	—	—	133.96	310.46	212.72	271.84	222.67	295.58	271.84
S39	—	197.12	99.15	—	—	158.64	—	191.94	95.15	—	—	169.83	—	92.20	118.94	—	—	118.94
S40	—	—	—	—	—	—	—	334.45	—	—	—	—	224.39	—	—	—	—	—
S41	—	75.67	91.35	—	—	65.14	—	266.50	252.36	—	—	274.58	—	—	—	266.64	189.39	—
S42	—	—	—	—	—	—	—	—	—	—	—	—	335.49	327.94	309.86	354.39	334.85	309.86

注：贸易流量为 0 时，传统统计口径下的长三角省际部门层面双边贸易成本不可计算或者数据缺失，用"—"表示数据缺失。

的省际还可以进一步地进行分工整合，发挥自身的产业优势和区位优势，促进贸易成本下降，实现长三角内部一体化水平提升。再次，通过对比不同省际双边贸易成本可以发现，距离较远的省际双边贸易成本高于距离近的省际双边贸易成本，这说明距离因素是影响长三角省际双边贸易成本的重要因素，完善长三角省际的交通运输基础设施、降低物流环节成本可以很好地削减长三角省际双边贸易成本，推动长三角省际产业分工合作的深入开展。最后，省际部门层面的双边贸易成本存在显著的差异，省际双边贸易成本比较高的部门可以借鉴双边贸易成本较低部门分工整合的经验做法，找出存在的问题，推动本部门分工合作的深入开展，有效降低省际贸易成本。

第三节　增加值统计口径下长三角整体区际贸易成本

前两节主要利用传统统计数据分别对长三角区域整体、各省整体和省际整体与部门层面贸易成本的实际状况及演变趋势进行分析。但是，如前所述，传统统计口径的贸易数据存在大量因重复统计而引起的数据失真问题，无法真实刻画价值链贸易背景下分工合作的真实价值分布和贸易格局。为此，本节将利用增加值贸易统计数据对贸易成本的测度方法进行拓展，以重点测度增加值统计口径下长三角区域整体区际贸易成本，力求客观地分析长三角整体区际贸易成本的真实状况及演变趋势。

一、增加值统计口径下的长三角整体区际贸易成本

基于增加值贸易视角改进的贸易成本测度方法对长三角整体区际贸易成本进行测度，具体结果如表 3-7 所示。

表 3-7 显示，在使用增加值统计口径的数据测度得到的中国八大经济区域整体区际贸易成本中，考察期内长三角整体区际贸易成本仍然是最低的。这与传统统计口径下测度的结果相同，也再次说明作为全国经济发展的重要拉动区域的长三角地区，经济处于很高的发展水平和开放水平，内部经济一体化的水平是很高的。从区际贸易成本数值的变动情况来看，与南部沿海地区、中部地

区和西南地区三大区域相似，2015 年之前长三角整体区际贸易成本呈下降趋势。长三角整体区际贸易成本从 2012 年的 12.8%下降到 2015 年的 11.21%，降幅达到 7.91%；2015 年之后则出现一定幅度的上升，从 2015 年的 11.21%上升到 2017 年的 13.35%，升幅为 19.07%。中国其他 4 个经济区域的整体区际贸易成本在 2015 年之前则呈现不同的变化趋势。但是 2015 年之后，包括长三角在内中国八大区域的区际贸易成本都呈上升趋势，这可能主要是因为 2015 年后中国成为全球第一大贸易国，对外开放的步伐逐步加快，对外贸易快速增长，导致遭受到各类贸易摩擦和纠纷增多，给长三角及其他经济区域的价值链分工合作深化带来了一定的负面影响，导致区际贸易成本有所上升。

表 3-7 增加值统计口径下中国八大区域整体区际贸易成本

单位:%

经济区域	2012 年	2015 年	变动率	2017 年	变动率
东北地区	19.24	20.82	8.21	23.16	11.22
京津地区	15.67	17.73	13.11	18.84	6.30
北部沿海地区	14.98	16.51	10.18	16.74	1.43
长三角地区	12.18	11.21	−7.91	13.35	19.07
南部沿海地区	15.31	13.67	−10.71	20.43	49.51
中部地区	14.66	13.00	−11.32	13.44	1.07
西北地区	11.95	14.16	18.49	16.32	15.23
西南地区	18.70	16.53	−11.62	18.83	13.90

二、增加值统计口径下的长三角部门层面整体区际贸易成本

根据表 3-8 可知，增加值统计口径下的长三角部门层面整体区际贸易成本总体上呈现出与长三角整体区际贸易成本基本相同的变动趋势，42 个部门中仅 S05、S27 和 S37 三个部门贸易成本在 2012—2015 年是上升的，其他部门的

贸易成本均是下降的。但是，2015—2017 年，仅 10 个部门贸易成本是下降的，19 个部门的贸易成本都出现了大幅上升的趋势。

表 3-8 增加值统计口径下长三角部门层面整体区际贸易成本

单位:%

部门	2012 年	2015 年	变动率	2017 年	变动率
S01	9.10	6.87	−24.56	14.02	104.12
S02	—	—	—	—	—
S03	—	—	—	—	—
S04	—	—	—	—	—
S05	0.50	1.33	163.52	9.43	608.57
S06	11.24	8.62	−23.30	13.69	58.89
S07	4.71	3.65	−22.56	4.66	27.67
S08	20.17	15.49	−23.17	26.24	69.37
S09	6.54	4.75	−27.32	28.30	495.13
S10	1.15	0.83	−28.37	0.41	−50.47
S11	—	—	—	—	—
S12	—	—	—	—	—
S13	7.13	4.63	−35.06	11.38	145.88
S14	—	—	—	—	—
S15	7.68	4.78	−37.83	6.49	35.85
S16	13.59	10.65	−21.62	16.95	59.16
S17	21.73	17.89	−17.67	29.64	65.69
S18	22.31	17.13	−23.21	16.00	−6.60
S19	10.73	6.17	−42.51	11.99	94.44
S20	7.65	5.57	−27.12	8.65	55.24
S21	9.22	2.22	−75.93	9.88	345.23
S22	4.38	2.28	−47.93	—	−159.18

续表

部门	2012 年	2015 年	变动率	2017 年	变动率
S23	—	—	—	—	—
S24	—	—	—	1.88	—
S25	0.20	—	—	0.51	—
S26	3.16	2.17	−31.39	—	—
S27	2.29	6.52	185.11	81.54	1150.40
S28	69.45	61.37	−11.63	6.36	−89.63
S29	3.41	2.24	−34.50	1.64	−26.48
S30	—	—	—	8.78	—
S31	6.70	4.35	−35.13	20.44	370.00
S32	8.91	6.89	−22.66	4.10	−40.52
S33	2.25	0.89	−60.67	11.66	1217.16
S34	21.10	13.82	−34.51	0.70	−94.94
S35	1.19	—	—	89.28	—
S36	14.89	13.02	−12.52	7.69	−40.92
S37	22.76	23.22	2.01	32.81	41.31
S38	5.53	4.46	−19.46	4.17	−6.36
S39	26.13	22.85	−12.55	31.22	36.63
S40	50.10	44.43	−11.31	81.23	82.83
S41	13.58	12.31	−9.33	22.17	80.03
S42	32.74	28.45	−13.11	28.31	−0.48

注：贸易流量为 0 时，增加值统计口径下长三角部门层面整体区际贸易成本不可计算或者数据缺失，用"—"表示。

进一步观察还可以发现，考察期内增加值统计口径测度的长三角部门层面整体区际贸易成本的变化同样存在明显的异质性。从绝对水平来看，2012 年和 2015 年贸易成本最高的部门均是 S28，其贸易成本分别为 69.45% 和 61.37%，2017 年区际贸易成本最高的部门则是 S35，其贸易成本为 89.28%；

同期贸易成本水平最低的部门则分别为 S25、S10 和 S10，贸易成本分别为 0.20%、0.83% 和 0.41%。从贸易成本的演变趋势情况来看，与 2012 年相比，2015 年长三角部门层面区际贸易成本上升和下降幅度最大的两个部门分别是 S27 和 S21，其上升和下降幅度分别为 185.1% 和 75.93%；与 2015 年相比，2017 年长三角部门层面区际贸易成本上升和下降幅度最大的两个部门分别为 S33 和 S22，其上升和下降幅度分别为 1217.16% 和 159.18%。根据增加值统计口径测度的长三角部门层面的整体区际贸易成本绝对水平和相对变化情况来看，长三角部门层面的整体区际贸易成本存在显著的差异，这再次反映出长三角各部门价值链分工合作的发展格局和竞争优势的差异。

三、增加值统计口径下长三角各省(市)整体区际贸易成本

根据表 3-9 可知，增加值统计口径下测度的长三角各省(市)整体区际贸易成本中，2012 年、2015 年和 2017 年长三角各省(市)整体区际贸易成本最低的为上海、安徽和江苏，其贸易成本分别为 19.19%、16.83% 和 17.74%；而同期长三角各省(市)整体区际贸易成本最高的则为浙江、上海和安徽，对应的贸易成本分别为 22.84%、21.54% 和 28.76%。根据表中显示的贸易成本变动趋势来看，考察期内上海的区际贸易成本一直呈现上升趋势，与 2012 年相比，上海区际贸易成本增幅为 12.25%；与 2015 年相比，上海区际贸易成本的增幅为 13.26%。考察期内，江苏和浙江整体区际贸易成本一直呈下降趋势，2015 年和 2017 年江苏整体区际贸易成本的降幅为 6.46% 和 7.24%，同期浙江整体区际贸易成本的降幅分别为 9.60% 和 13.40%。考察期内，安徽整体区际贸易成本则呈现先降后升的趋势，2015 年降幅为 24.98%，而 2017 年升幅则高达 70.87%。

表 3-9　增加值统计口径下长三角各省(市)整体区际贸易成本

单位:%

省/直辖市	2012 年	2015 年	变动率	2017 年	变动率
江苏	20.45	19.13	−6.46	17.74	−7.24

续表

省/直辖市	2012 年	2015 年	变动率	2017 年	变动率
上海	19.19	21.54	12.25	24.40	13.26
浙江	22.84	20.64	-9.60	17.88	-13.40
安徽	22.44	16.83	-24.98	28.76	70.87

可以看出，上海的经济发展水平、区域开放和分工合作程度相对较高，易受到国际经贸环境影响。2012 年后国际经贸环境日趋复杂，国际贸易摩擦加剧，同时上海经济结构转型加快，服务业比重越来越大，均对上海与中国其他省份的分工合作产生了一定程度的负面影响，导致上海整体区际贸易成本出现一定幅度的持续上升。上海作为长三角经济发展的中心，应该发挥更大的引领和辐射作用，推动长三角区域内部及与中国其他区域的分工合作，尤其要将合作的重点从第一、二产业向第三产业转移，实现长三角区域经济的整体快速发展。

四、增加值统计口径下长三角各省(市)部门层面整体区际贸易成本

根据表 3-10 显示的增加值统计口径下长三角各省(市)部门层面整体区际贸易成本情况可知，长三角各省(市)部门层面整体区际贸易成本也存在显著的差异。2012 年，江苏、上海、浙江和安徽部门层面区际贸易成本最低的部门分别为 S12、S12、S05 和 S11，其贸易成本分别为 3.51%、1.68%、2.03% 和 0.57%；贸易成本最高的部门均为 S28，贸易成本分别为 85.10%、93.57%、96.87% 和 87.59%。2017 年，江苏、上海、浙江和安徽整体区际贸易成本最低的部门变为为 S11、S11、S07 和 S02，其贸易成本分别为 0.03%、0.87%、0.33% 和 1.73%；贸易成本最高的部门则均为 S35，贸易成本分别为 131.75%、116.55%、102.27% 和 119.15%。可以看出，江苏、上海、浙江和安徽部门层面整体区际贸易成本存在比较大的差异，说明长三角内部各省(市)部门层面存在显著的互补关系，各省(市)可以大力发展自身产业的优势，强化区域内部部门层面之间的分工与整合，提高分工合作的整体水平，努力降

低区际贸易成本,实现长三角区域部门产业间的高水平一体化发展。

虽然长三角区域各省(市)部门层面整体区际贸易成本存在明显的异质性,但是区域内部各省 S11 和 S12 两个部门的贸易成本均相对较低,可以算得上是长三角区域的优势产业部门了,而 S28 和 S35 则是贸易成本均比较高的两个部门。这说明长三角各省(市)在个别部门层面同时存在竞争优势或竞争劣势。长三角各省(市)应该重点关注贸易成本均比较高的部门,加大技术研发和产业升级力度,注重深化同国内其他经济区域的分工与整合,实现竞争力的提升和贸易成本的削减。

表3-10 增加值统计口径下长三角各省(市)部门层面整体区际贸易成本

单位:%

部门	2012 年				2015 年				2017 年			
	江苏	上海	浙江	安徽	江苏	上海	浙江	安徽	江苏	上海	浙江	安徽
S01	14.73	15.96	14.35	17.99	11.99	15.57	14.48	10.76	11.14	26.00	12.11	18.70
S02	—	—	—	—	—	—	—	—	—	—	—	1.73
S03	—	—	—	—	—	—	—	—	—	—	—	—
S04	—	—	—	—	—	—	—	—	—	—	—	—
S05	—	—	2.03	—	—	—	5.39	—	—	—	1.85	10.84
S06	12.85	20.05	17.11	23.16	10.77	20.13	13.87	16.98	16.91	33.03	15.45	26.08
S07	13.79	11.52	12.10	15.56	11.03	11.94	7.57	8.80	16.90	13.38	0.33	14.57
S08	32.85	30.14	31.31	33.07	27.54	26.75	23.06	24.58	38.24	38.98	27.68	47.73
S09	12.85	12.30	13.78	13.75	10.68	14.50	17.91	7.41	14.62	26.34	10.99	29.59
S10	9.27	5.37	7.29	7.46	8.32	8.55	3.71	1.45	4.32	7.56	1.21	9.05
S11	5.32	—	—	0.57	3.02	—	—	—	0.03	0.87	—	7.43
S12	3.51	1.68	2.44	6.34	2.71	—	1.08	0.41	0.15	2.97	—	9.98
S13	9.22	12.35	12.15	11.52	7.77	13.26	17.50	5.87	1.46	10.50	—	18.69
S14	6.70	5.93	3.62	1.38	3.17	10.65	8.17	—	2.50	—	5.47	10.22
S15	19.92	14.51	15.61	16.54	14.20	15.63	16.68	10.75	14.11	12.08	10.46	17.02

续表

部门	2012 年				2015 年				2017 年			
	江苏	上海	浙江	安徽	江苏	上海	浙江	安徽	江苏	上海	浙江	安徽
S16	20.27	22.44	26.17	24.15	19.97	21.38	18.90	18.30	27.36	29.82	21.86	20.18
S17	31.57	32.19	31.17	33.89	25.81	36.97	19.99	25.52	41.13	54.52	32.83	36.75
S18	35.50	29.35	33.61	39.22	29.76	23.22	25.52	31.12	20.57	28.40	19.73	31.83
S19	22.43	16.93	22.45	27.33	16.21	16.16	17.02	16.90	23.69	22.39	17.74	22.76
S20	16.01	8.92	22.01	22.49	14.79	14.67	13.49	13.49	17.29	23.72	8.75	15.41
S21	23.46	19.35	20.17	26.02	16.37	13.00	15.69	15.65	20.29	21.13	3.39	11.09
S22	9.38	3.28	7.52	16.73	10.46	2.60	3.65	9.96	—	—	—	3.30
S23	—	—	—	—	-7.18	1.02	—	—	—	—	—	—
S24	—	—	—	—	0.25	—	—	—	3.91	9.71	—	10.64
S25	7.68	6.30	6.58	4.28	5.40	5.22	1.17	1.49	3.36	8.36	6.33	9.24
S26	6.68	11.05	9.97	7.30	4.54	11.38	7.06	3.59	—	14.56	8.69	4.10
S27	9.26	8.00	8.94	7.61	5.66	8.92	12.48	—	43.20	101.16	91.50	108.13
S28	85.10	93.57	96.87	87.59	77.21	86.50	81.81	77.48	10.45	17.93	8.33	21.31
S29	11.78	10.54	10.38	5.91	6.57	12.71	8.38	2.01	2.35	5.10	2.34	19.15
S30	5.04	—	7.08	3.17	3.77	1.89	7.18	—	8.88	23.27	14.97	19.55
S31	15.65	11.70	11.54	15.28	10.87	13.95	7.00	7.47	35.49	26.40	28.67	32.73
S32	17.13	10.79	19.07	19.02	14.60	12.01	15.07	14.81	4.02	11.56	5.01	14.54
S33	10.17	4.99	12.57	7.25	6.63	7.22	5.86	0.12	14.14	17.56	12.40	30.15
S34	33.20	12.72	37.62	31.59	23.98	12.76	22.93	12.63	2.93	9.42	—	14.47
S35	8.98	5.08	11.44	2.62	6.36	5.91	4.73	—	131.75	116.55	102.27	119.15
S36	23.28	24.90	25.36	28.18	21.45	25.58	30.44	18.65	8.47	11.39	27.34	26.71
S37	34.82	38.31	32.31	38.76	32.55	41.86	32.03	34.27	44.33	56.78	40.05	41.14
S38	14.31	8.85	15.92	11.54	13.47	8.36	14.48	7.02	9.44	5.12	10.57	13.39
S39	38.04	28.46	40.52	33.61	34.43	27.78	34.80	27.50	42.75	45.65	33.02	42.46
S40	65.39	69.07	52.33	75.39	62.43	64.89	28.72	63.05	104.75	103.95	91.92	116.46

续表

部门	2012 年				2015 年				2017 年			
	江苏	上海	浙江	安徽	江苏	上海	浙江	安徽	江苏	上海	浙江	安徽
S41	22.46	19.94	20.62	22.37	19.25	32.20	20.42	17.35	33.99	37.49	30.99	37.99
S42	39.12	23.39	40.17	54.36	37.57	26.13	40.27	28.09	21.69	32.40	20.92	70.89

注：贸易流量为 0 时，增加值统计口径下长三角各省(市)部门层面整体区际贸易成本不可计算或者数据缺失，用"—"表示。

第四节　增加值统计口径下长三角区域省际贸易成本

上一节主要基于增加值统计口径测度了长三角整体与部门层面、长三角区域各省(市)整体与部门层面的区际贸易成本状况，并同中国其他经济区域进行比较，较为客观地刻画出了长三角整体、长三角各省(市)整体的区际贸易成本的真实状况及分工贸易格局。为了更加清晰地刻画长三角省际贸易成本的真实状况及演变趋势，本节将利用增加值统计口径的数据测度长三角区域内部省际双边贸易成本，以更好地分析长三角省际双边贸易成本的整体差异及部门层面差异。

一、增加值统计口径下长三角省际双边贸易成本

由表 3-11 显示的利用增加值统计口径的数据测度的长三角省际双边贸易成本结果可知，考察期内省际双边贸易成本呈现明显的波动，而且区域内不同省际双边贸易成本在绝对水平和波动趋势上存在显著的差异。从波动趋势来看，江苏与上海之间的双边贸易成本一直是小幅上升的，双边贸易成本从 2012 年的 38.15% 上升到 2015 年的 40.05%，2017 年进一步上升到 41.12%；浙江与安徽、江苏与安徽、上海与安徽之间的双边贸易成本均呈现先降后升的波动趋势，双边贸易成本分别从 2012 年的 41.78%、41.15% 和 34.57% 下降到 2015 年的 31.79%、32.08% 和 31.13%，2017 年又分别上升到 42.68%、

33.97%和48.24%；江苏与浙江、上海与浙江之间的双边贸易成本一直呈现下降的趋势，双边贸易成本分别从2012年的44.74%和40.51%下降到2015年的39.18%和37.45%，2017年又进一步分别下降到30.48%和30.38%。

表3-11 增加值统计口径下长三角省际双边贸易成本

单位：%

省/直辖市	2012 年				2015 年				2017 年			
	江苏	上海	浙江	安徽	江苏	上海	浙江	安徽	江苏	上海	浙江	安徽
江苏	—	38.15	44.74	41.15	—	40.05	39.18	32.08	—	41.12	30.48	33.97
上海	38.15	—	40.51	34.57	40.05	—	37.45	31.13	41.12	—	30.38	48.24
浙江	44.74	40.51	—	41.78	39.18	37.45	—	31.79	30.48	30.38	—	42.68
安徽	41.15	34.57	41.78	—	32.08	31.13	31.79	—	33.97	48.24	42.68	—

从绝对数值来看，2012年，上海与安徽之间的双边贸易成本最低，贸易成本为34.57%；其次为上海与江苏之间的双边贸易成本，其贸易成本为38.15%；贸易成本最高的则为浙江与江苏之间的双边贸易成本，为44.74%。与2012年相比，2015年上海与安徽之间的双边贸易成本仍是最低的，为31.13%；双边贸易成本最高的省份则发生了变化，上海与江苏之间的双边贸易成本最高，达到40.05%。但是2017年长三角区域内上海与浙江之间的双边贸易成本最低，为30.38%；而上海与安徽之间双边贸易成本水平最高，达到48.24%。此结果与传统统计口径下测度的双边贸易成本结果相似，上海与安徽之间的双边贸易成本水平均从2012年的区域内最低变成了2017年的区域内最高。可以看出，不仅经济发展水平、产业发展层次及区域互补性等因素是贸易成本变化及分工格局形成的重要影响因素，而且地理位置所导致的经济距离同样也会对贸易成本产生重要影响。同其他省际贸易成本相比，上海与安徽之间的距离在长三角区域内是最远的，成为导致上海与安徽之间双边贸易成本下降的最不利影响因素。

二、增加值统计口径下长三角省际部门层面双边贸易成本

考察期内，虽然增加值统计口径下长三角省际部门层面双边贸易成本存在显著的差异，但是多数省际部门层面双边贸易成本与对应的长三角省际整体双边贸易成本呈相同的波动趋势。此外，增加值统计口径下长三角相同部门层面不同省际双边贸易成本和相同省际不同部门层面的双边贸易成本存在显著的差异。例如，各省际 S10、S11、S12、S23 和 S25 五个部门层面的贸易成本均相对较低，而省际 S28、S35 和 S40 三个部门的贸易成本则比较高，多数高于100%。这说明长三角各省际没有能够对高成本部门进行针对性的价值链分工与整合，以实现优势互补，导致这些部门的贸易成本居高不下，而且呈现逐步上升的趋势。下一步，长三角要实现更高水平的一体化发展，类似这些较高贸易成本部门之间分工合作的深化，必须要重点予以解决。

三、增加值统计口径下长三角省际贸易成本的演变趋势

虽然与传统统计口径测度的长三角整体省际贸易成本变动趋势相似，即增加值统计口径测度的长三角整体省际贸易成本总体也呈现先降后增的趋势，但是增加值统计口径测度的长三角各省整体省际贸易成本的变动趋势却不同于传统统计口径下测度的长三角各省整体省际贸易成本均呈现先降后增的趋势。考察期内，增加值统计口径下测度的长三角各省整体省际贸易成本仅安徽呈现先大幅度下降后更大幅度增加的趋势，上海的整体省际贸易成本一直呈上升趋势，而江苏和浙江的整体省际贸易成本则一直呈小幅下降的趋势。

考察期内，增加值统计口径下测度的长三角省际双边贸易成本和省际部门层面双边贸易成本在绝对水平和变动趋势方面均存在显著的差异。从省际贸易成本的绝对水平来看，2012 年、2015 年和 2017 年省际贸易成本最低的分别为上海与安徽、上海与安徽、上海与浙江；2012 年、2015 年和 2017 年省际贸易成本最高的则分别为浙江与江苏、上海与江苏、上海与安徽。可知，2015 年后，上海与安徽之间的贸易成本出现了明显的上升。从省际贸易成本的波动趋势来看，考察期内江苏与上海之间的双边贸易成本一直是小幅上升，浙江与安

表3-12　增加值统计口径下长三角省际部门层面双边贸易成本

单位：%

部门	2012年						2015年						2017年					
	沪苏	沪浙	沪皖	苏浙	苏皖	浙皖	沪苏	沪浙	沪皖	苏浙	苏皖	浙皖	沪苏	沪浙	沪皖	苏浙	苏皖	浙皖
S01	39.64	41.00	46.56	40.94	43.82	42.68	40.29	43.74	40.13	39.79	34.00	37.42	44.98	40.87	55.87	16.72	25.46	30.78
S02	—	—	—	38.21	22.03	23.08	—	—	—	35.82	15.17	17.03	—	—	—	22.85	21.32	29.47
S03	27.26	—	—	—	23.80	—	—	—	—	—	3.52	8.23	29.89	—	—	—	—	—
S04	—	—	—	34.34	—	23.04	—	—	—	30.25	—	—	—	—	—	—	14.59	—
S05	—	45.46	53.68	28.66	24.33	29.78	—	47.01	50.52	30.06	17.00	24.35	—	—	—	30.62	12.13	49.34
S06	36.17	—	—	36.29	40.14	48.38	38.92	35.28	35.28	32.81	34.19	43.26	56.83	54.37	69.23	35.72	45.38	45.83
S07	35.83	44.09	36.73	39.53	52.62	38.69	37.19	55.82	52.69	30.98	34.36	28.30	40.63	25.33	46.33	28.32	41.11	24.50
S08	67.78	74.08	63.50	70.77	72.12	66.79	58.31	53.23	39.20	61.83	62.10	49.10	68.68	56.88	78.78	58.09	77.00	63.67
S09	37.53	39.15	38.94	40.73	38.13	41.06	42.85	33.16	26.92	45.44	30.92	39.76	38.52	13.41	72.73	9.82	32.28	44.90
S10	29.81	33.97	29.83	32.50	37.98	33.83	36.40	16.09	14.03	32.67	27.54	24.54	30.81	25.53	35.14	23.26	27.64	29.72
S11	27.69	16.81	17.67	31.59	31.26	22.80	28.70	15.83	15.38	26.39	23.66	15.61	30.29	15.28	35.59	16.70	24.64	26.90
S12	21.43	19.99	26.97	22.75	26.64	27.32	17.52	51.09	35.94	22.47	20.68	20.87	26.01	17.50	33.41	17.35	25.04	29.63
S13	32.58	34.54	41.08	36.66	33.31	40.77	40.07	44.83	31.52	44.63	29.50	38.67	47.07	—	66.45	39.59	10.27	57.38
S14	37.89	32.19	30.09	39.10	32.44	27.15	41.16	—	—	39.58	22.02	25.71	9.05	4.98	17.05	30.59	32.75	42.06

续表

部门	2012年						2015年						2017年					
	沪苏	沪浙	沪皖	苏浙	苏皖	浙皖	沪苏	沪浙	沪皖	苏浙	苏皖	浙皖	沪苏	沪浙	沪皖	苏浙	苏皖	浙皖
S15	47.69	39.80	44.55	52.27	53.93	46.58		48.59	41.19	43.84	43.25	36.96	42.30	29.04	36.95	37.00	37.39	38.47
S16	45.90	56.34	51.31	51.33	48.46	56.40		46.75	45.87	46.59	43.09	43.34	61.63	49.60	49.59	50.26	41.40	41.11
S17	63.83	61.67	63.14	62.50	61.16	63.94		47.88	63.85	42.39	47.04	44.02	91.97	69.99	80.62	62.43	59.63	56.66
S18	69.67	59.63	69.62	75.08	86.87	76.39		46.60	57.18	59.09	69.95	58.31	52.62	48.41	68.80	43.09	50.33	59.04
S19	44.97	45.52	53.60	52.61	60.79	59.12		42.00	46.28	43.45	45.91	42.59	52.26	43.15	51.96	49.18	54.02	49.39
S20	32.22	40.48	41.88	51.53	51.74	63.51		40.43	44.85	40.48	41.21	41.53	51.53	37.36	50.19	32.50	38.13	33.71
S21	51.54	44.14	57.60	48.38	58.3	51.99		40.21	45.64	42.28	42.46	41.78	49.95	26.85	45.29	23.73	30.63	21.49
S22	30.37	20.71	25.29	35.81	38.24	35.30		18.84	21.29	30.59	34.60	23.85	29.65	7.97	21.51	6.56	19.52	16.85
S23	14.64	30.23	15.47	16.02	13.53	15.11		7.56	11.03	0.24	0.02	—	23.59	13.51	25.95	14.54	19.21	26.43
S24	30.67	12.32	18.68	21.64	34.76	11.25		19.04	12.64	26.11	26.06	11.18	36.13	20.98	42.77	23.65	25.80	31.01
S25	36.30	34.54	28.73	39.53	35.52	33.89		29.46	26.49	33.27	26.88	23.57	29.51	26.04	38.45	28.89	27.54	36.42
S26	33.33	37.28	37.08	33.10	31.89	37.39		44.19	32.04	24.48	27.34	26.18	43.73	39.98	48.21	35.88	37.84	26.14
S27	34.47	31.62	35.71	43.59	31.94	30.76		42.72	29.30	40.79	2.98	35.66	72.39	145.25	173.37	82.53	55.78	170.58
S28	146.87	186.84	141.14	154.40	135.58	151.71		148.62	124.80	131.35	122.59	131.81	46.96	33.44	55.06	31.65	37.71	46.57
S29	38.95	37.14	29.02	42.61	34.57	29.08		41.72	29.44	30.79	24.50	21.45	25.34	19.80	48.28	20.27	31.81	41.26

续表

部门	2012年						2015年						2017年					
	沪苏	沪浙	沪皖	苏浙	苏皖	浙皖	沪苏	沪浙	沪皖	苏浙	苏皖	浙皖	沪苏	沪浙	沪皖	苏浙	苏皖	浙皖
S30	22.03	25.88	16.70	34.98	27.78	31.10	25.81	32.57	18.13	33.01	22.43	25.52	43.72	51.09	48.89	31.71	36.57	39.79
S31	41.77	34.41	35.94	47.26	42.84	37.32	38.52	39.84	33.47	31.86	29.60	26.51	57.34	47.65	62.36	68.71	55.24	60.09
S32	29.66	43.08	35.37	50.01	46.43	46.06	32.54	32.40	32.38	41.90	40.89	42.54	28.59	25.39	40.86	23.70	30.26	35.37
S33	32.04	34.84	23.90	42.54	34.16	37.91	35.40	26.31	19.20	30.29	20.93	27.02	36.54	31.45	44.40	31.81	40.50	41.71
S34	38.39	40.14	33.51	82.89	65.98	72.53	36.34	35.87	26.99	51.22	35.17	35.34	29.60	22.73	41.03	21.86	30.67	32.86
S35	29.75	33.69	20.66	41.67	26.75	33.51	28.41	26.67	16.00	30.24	18.04	19.01	235.29	174.40	240.23	177.31	210.80	181.58
S36	43.93	50.35	68.45	64.29	56.12	54.08	48.60	63.09	49.05	61.59	44.99	53.05	35.53	52.81	46.32	47.63	48.92	81.38
S37	80.97	65.62	81.16	63.76	76.50	63.00	78.25	75.63	75.76	65.18	63.14	63.4	114.95	97.02	94.75	81.37	67.28	63.64
S38	41.97	46.34	38.67	50.26	45.06	45.54	40.67	45.85	29.41	44.48	34.05	34.36	41.37	37.58	51.94	37.26	40.06	29.47
S39	61.84	64.63	53.62	84.19	65.20	68.53	58.19	54.63	47.12	75.86	54.50	56.75	76.58	60.01	74.39	63.38	61.99	62.28
S40	138.90	120.25	156.39	93.99	131.39	94.93	118.55	72.50	120.32	54.49	121.79	53.12	152.75	200.99	208.85	169.66	212.07	202.35
S41	47.68	46.76	45.96	58.41	52.04	46.43	69.23	78.32	68.31	49.76	41.74	52.70	97.49	93.77	108.88	75.79	65.36	88.37
S42	41.58	50.02	56.81	70.29	85.28	85.54	42.61	47.01	29.07	61.03	43.88	47.43	30.68	29.01	87.05	28.62	68.26	79.41

注：贸易流量为0时，增加值统计口径下的长三角省际部门层面双边贸易成本不可计算或数据缺失，用"—"表示。

徽、江苏与安徽、上海与安徽之间的双边贸易成本呈现先降后升的趋势,江苏与浙江、上海与浙江之间的双边贸易成本则一直是下降的。增加值统计口径测度的长三角区域省际部门层面的双边贸易成本也是存在显著的差异,省际部门层面双边贸易成本比较高的部门可以效仿贸易成本较低的部门在分工合作方面的经验做法,改进分工整合方面存在的不足,推动分工合作的深入发展,削减省际双边贸易成本,提高长三角一体化发展水平。

此外,通过对比不同省际双边贸易成本可以发现,距离因素始终对省际双边贸易成本有着重要影响。为此,完善长三角省际交通运输基础设施、降低物流环节成本可以很好地削减长三角省际双边贸易成本,推动长三角省际产业分工合作的深入开展。

第五节　本章小结

本章首先基于传统统计口径对长三角区际、各省(市)整体、省际整体和部门层面的贸易成本进行测度,分析长三角贸易成本的现状和波动趋势。其次,基于增加值统计口径测度长三角区际、各省(市)整体、省际整体和部门层面的贸易成本,分析长三角贸易成本的主要状况及演变趋势。再次,对两种测度方法的结果进行对比,指出两种测度结果在贸易成本绝对水平和波动趋势方面存在的差异。通过比较可以发现,传统统计口径测度的区际、省际贸易成本不但在绝对水平上明显高于增加值统计口径测度的区际、省际贸易成本,而且在波动趋势上也无法客观反映长三角区域、省际贸易成本演变趋势的真实情况。可见,传统统计口径的贸易数据因为重复统计问题会造成贸易成本的测度结果失真,无法真实刻画价值链分工合作背景下区际、省际贸易的实际发展状况和演变趋势。最后,本章还通过剖析不同区域、不同省份、不同省际和部门层面区际、省际贸易成本差异和波动的成因,指出其对长三角区域内部门分工合作和贸易格局的影响,以发挥长三角区域内部不同省份和产业部门的优势,深化分工合作,削减贸易成本,从而实现长三角更高水平的一体化发展。

第四章　长三角省际贸易成本的促进效应

第一节 基本测算原理和方法说明

自加入世界贸易组织以来，中国对外贸易获得快速发展。2009 年中国货物出口总额首次超过德国，成为全球第一大货物贸易出口国；2014 年，中国首次超越美国成为世界第一大货物贸易国。中国对外贸易的快速增长，在推动中国经济增长的同时，也带动了中国各大经济区域之间、经济区域内部省际分工与贸易的发展。

一、省际贸易流量测算原理

在全球价值链分工为主导的新型国际分工模式下，大量中间产品会重复进出一国关境，传统贸易流量统计数据会因此出现大量重复的虚假统计，致使传统统计数据无法真实有效刻画全球价值链分工贸易的实际状况。同样，在全球价值链分工背景下运用传统统计口径来估算某个经济体内部省际贸易流量也必然存在同样的问题。为此，本书在估算长三角省际贸易的流量时，仍然借鉴上述测度贸易成本的做法，即利用增加值统计口径来度量长三角区域内部省际贸易的流量。

借鉴多国多部门投入产出表的构建办法，假定某经济体内部由 m 个省（直辖市）（1，2，$\cdots$，m）（以上标表示）组成，经济体内部共有 n 个产业部门（1，2，$\cdots$，n）（以下标表示），则该经济体的省际投入产出表如表 4-1 所示。

同世界各经济体之间的投入产出结构关系表相似，在表 4-1 中，Z^{ij} 表示 j 省对 i 省的中间需求。Y^{ij} 为表示 j 省对 i 省生产的最终产品需求。Va^{i} 和 X^{i} 分别表示省份 i 的增加值和总产出。假定 A 是 $mn \times mn$ 维矩阵，表示一国生产体系，其中 A^{ij} 则表示 j 省单位产出对 i 省中间投入品的需求，反映了经济体内部省际中间产品的贸易情况。因此，在一定时期内，一省的总产出与总投入必定相等，即有 $X = AX + Y$。

表 4-1　省际投入产出结构关系

投入		产出								总产值
		中间需求				最终需求				
		省份 1	省份 2	…	省份 m	省份 1	省份 2	…	省份 m	
中间投入	省份 1	Z^{11}	Z^{12}	…	Z^{1m}	Y^{11}	Y^{12}	…	Y^{1m}	X^1
	省份 2	Z^{21}	Z^{22}	…	Z^{2m}	Y^{21}	Y^{22}	…	Y^{2m}	X^2
	…	…	…	…	…	…	…	…	…	…
	省份 m	Z^{m1}	Z^{m2}	…	Z^{mm}	Y^{m1}	Y^{m2}	…	Y^{mm}	X^m
增加值		Va^1	Va^2	…	Va^m					
总投入		X^1	X^2	…	X^m					

从表 4-1 可以看出，一个省份出口的产品需要使用其他省份的中间投入，同样该省份的进口产品中也会有很大比例将被用作中间投入品，经过加工装配后用于出口，满足其他省份的最终需求。所以，全球价值链分工背景下即使在一经济体内部的省际分工与贸易也必然存在大量中间产品反复进出一省份的情况，导致传统统计数据出现大量重复计算。因此，采用传统统计口径的内贸数据来度量省际贸易流量，必然无法真实反映省际分工格局及演变趋势。为有效解决传统统计数据在估算价值链分工背景下省际贸易流量存在的虚假统计问题，本书将 Wang 等（2017）的增加值贸易分解框架分解应用到省际贸易流量的估算研究上。

依据表 4-1 构建的省际间投入产出关系，可以得到：

$$X = AX + Y = (I - A)^{-1}Y = BY \qquad (4-1)$$

式（4-1）中，X 表示一经济体各省份的总产出矩阵，Y 表示该经济体各省份的最终需求矩阵，A 表示该经济体生产体系矩阵，I 表示单位矩阵，B 表示里昂惕夫逆矩阵。从中可以清晰地看出，一省份的产出源于各省份的最终产品需求。再假定 V 为增加值系数（部门增加值在产出中的占比），则一经济体内部 j 省各部门的最终需求在 i 省各部门引致的增加值（Va）可以表示为：

$$Va^{ij} = V^{i1} X^{ij} = V^i B^{ii} \left(\sum_{k \neq i} A^{ik} X^{kj} + Y^{ij} \right) \tag{4-2}$$

价值链分工背景下，一经济体内部各省份之间因分工与整合需要而存在大量中间零部件产品贸易的情况下，上式可以用于追溯省际各价值链环节增加值的真正来源，进而还原省际价值分工与贸易的部门格局、竞争状况与演变趋势。

二、长三角省际贸易成本对省际贸易流量促进效应的测算原理

入世后，长三角省际贸易流量也随着外贸的快速增长获得了较快增长。为了能够客观地分析长三角省际贸易成本下降对长三角省际贸易流量的促进效应，本书借鉴许统生等（2013）的做法，将 Anderson 和 Wincoop（2003）建立的关于贸易成本的一个多国一般均衡贸易引力模型扩展到省际贸易成本对省际贸易流量的促进效应研究中。

$$x^{ij} = \frac{y^i y^j}{y^c} \left(\frac{t^{ij}}{\prod^i P^j} \right)^{1-\sigma} \tag{4-3}$$

式（4-3）中，上标 i、j 和 c 分别表示 i 省、j 省和中国，x^{ij} 表示 i 省向 j 省的出口，y^i 和 y^j 分别表示 i、j 省的名义收入，y^c 表示中国经济总规模（$y^c = \sum_j y^j$），t^{ij} 表示长三角省际双边贸易成本，σ 表示替代弹性（$\sigma > 1$），$\prod^i$ 和 P^j 则分别表示 i 省和 j 省的价格指数。将式（4-3）中的上标 i 和 j 的位置相互交换，可以得到 j 省向 i 省的出口规模测算公式。

$$x^{ji} = \frac{y^j y^i}{y^c} \left(\frac{t^{ji}}{\prod^j P^i} \right)^{1-\sigma} \tag{4-4}$$

将式（4-3）和式（4-4）左右两边相乘可得：

$$x^{ij} x^{ji} = \left(\frac{y^i y^j}{y^c} \right)^2 \left(\frac{t^{ij} t^{ji}}{\prod^i P^j \prod^j P^i} \right)^{1-\sigma} \tag{4-5}$$

为了便于分析贸易成本、经济增长以及用价格指数衡量对外贸易的多边阻力因素对省际双边贸易流量的影响，继续对式（4-5）两边同时取对数，然后再

进行差分分解。具体结果如下：

$$\Delta\ln(x^{ij}\,x^{ji}) = 2\Delta\ln\left(\frac{y^i\,y^j}{y^c}\right) + (1-\sigma)\Delta\ln(t^{ij}\,t^{ji}) - (1-\sigma)\Delta\ln(\Pi^i\,P^i\,\Pi^j\,P^j)$$

$$(4\text{-}6)$$

将式(4-6)两边同时除以双边贸易流量的一阶差分 $\Delta\ln(x^{ij}x^{ji})$，可以得到：

$$1 = \frac{2\Delta\ln\left(\dfrac{y^i\,y^j}{y^c}\right)}{\Delta\ln(x^{ij}\,x^{ji})} + \frac{(1-\sigma)\Delta\ln(t^{ij}\,t^{ji})}{\Delta\ln(x^{ij}\,x^{ji})} - \frac{(1-\sigma)\Delta\ln(\Pi^i\,P^i\,\Pi^j\,P^j)}{\Delta\ln(x^{ij}\,x^{ji})} \quad (4\text{-}7)$$

由式(4-7)可知，右边三项依次表示经济增长、省际双边贸易成本和多边阻力的变化对省际双边贸易流量增长的贡献，经济增长、省际双边贸易成本下降和对外贸易的多边阻力上升对省际双边贸易流量有正向的促进作用，反之促进效应为负。

利用第二章贸易成本间接测度公式 $\tau^{ij} = \left(\dfrac{t^{ij}\,t^{ji}}{t^{ii}\,t^{jj}}\right)^{\frac{1}{2}} - 1 = \left(\dfrac{x^{ii}\,x^{jj}}{x^{ij}\,x^{ji}}\right)^{\frac{1}{2(\sigma-1)}} - 1$ 得到 $t^{ij}t^{ji}$ 的计算表达式，并将其代入式(4-7)，整理后可以得到：

$$1 = \frac{2\Delta\ln\left(\dfrac{y^i\,y^j}{y^c}\right)}{\Delta\ln(x^{ij}\,x^{ji})} + \frac{2(1-\sigma)\Delta\ln(1+\tau^{ij})}{\Delta\ln(x^{ij}\,x^{ji})} - \frac{2(1-\sigma)\Delta\ln(\varphi^i\,\varphi^j)}{\Delta\ln(x^{ij}\,x^{ji})} \quad (4\text{-}8)$$

式(4-8)中 $\varphi^i = \left(\dfrac{\Pi^i\,P^i}{t^{ii}}\right)^{\frac{1}{2}}$，鉴于价值链分工背景下传统统计口径估算的贸易流量数据存在大量的重复计算，故利用式(4-2)的增加值贸易流量估算办法对式(4-8)予以进一步拓展，得到各因素对省际贸易流量的促进效应测度方法如下：

$$1 = \frac{2\Delta\ln\left(\dfrac{y^i\,y^j}{y^c}\right)}{\Delta\ln(V\,a^{ij}V\,a^{ji})} + \frac{2(1-\sigma)\Delta\ln(1+\tau^{ij})}{\Delta\ln(V\,a^{ij}V\,a^{ji})} - \frac{2(1-\sigma)\Delta\ln(\varphi^i\,\varphi^j)}{\Delta\ln(V\,a^{ij}V\,a^{ji})} \quad (4\text{-}9)$$

式(4-9)中，等式右边前两项对省际贸易流量的促进效应可以直接根据相关数据计算而得，第三项对外贸易的多边阻力因素可以通过余项数值获得。由

$\sigma > 1$ 可知，经济增长和多边阻力上升与贸易流量正相关，而贸易成本与贸易流量增长负相关，说明经济增长、贸易成本下降以及多边阻力上升可以促进贸易流量增长。

三、长三角省际贸易流量测算选用数据说明

在计算长三角省际增加值贸易流量数据时，本书使用 2012 年、2015 年和 2017 年"中国省市区域间投入产出表"的数据。[1] 本书还选取 2012 年、2015 年和 2017 年《中国统计年鉴》中的相关 GDP 数据作为长三角三省一市的名义收入或经济规模。对于替代弹性 σ（通常为 5~10）的取值，本书仍然遵循 Novy（2013）的做法，将其数值继续设定为 8。

第二节 长三角省际贸易发展状况

长三角省际贸易发展状况是长三角一体化发展的重要组成部分和体现，可以很好地反映出长三角省际价值链分工与合作格局、优势互补情况以及未来演变趋势。为此，本节将利用上一节省际增加值贸易流量核算原理来估算长三角各省整体、区域内部省际增加值贸易流量，以便认识长三角省际价值链分工与合作的发展现状、存在的问题及演变趋势。

一、长三角区域内各省（市）整体增加值出口贸易流量

考察期内，虽然长三角各省或直辖市对区域内部其他省市的贸易发展有所波动，但是总体呈现较快增长。这说明长三角内部的分工合作正在进一步加强和深化。首先，考察期内江苏、上海、浙江和安徽各自对长三角内部其他省市整体的增加值出口贸易流量规模都在扩大。2012 年，江苏、上海、浙江和安徽对长三角内部其他省市整体的增加值出口贸易流量分别为 2199.87 亿元、1005.06 亿元、1107.92 亿元和 1235.09 亿元，2017 年这一规模分别增长到

---

[1] 2017 年"中国省市区域投入产出表"为最新发布版本。

2993.56亿元、3086.62亿元、2143.04亿元和1716.97亿元，依次是2012年的1.36、3.07、1.93和1.39倍。可以看出，长三角内部上海整体的增加值出口贸易流量增长最快，在长三角一体化发展过程中起到了一定程度的引领作用。其次，长三角内部三省一市整体的增加值出口贸易流量总体规模存在明显差异。2012年，长三角内部各省（市）整体增加值出口贸易流量规模最大和最小的分别是江苏和上海；2015年整体增加值出口贸易流量规模最大的仍为江苏，但是最小的却是浙江；2017年整体增加值出口贸易流量规模最大和最小的则分别为上海和安徽。这说明上海与江苏、浙江、安徽的分工与合作发展较好，彼此优势互补效应得到展现。再次，长三角内部各省（市）整体的增加值出口贸易流量变动趋势也存在显著的差异。2012—2015年三省一市的整体增加值出口贸易流量都呈增长趋势，其中上海的增长率最大，达到163.65%；浙江的增长率最小，仅为26.10%。2015—2017年，上海和浙江的整体增加值出口贸易流量仍是增长的，但是江苏和安徽的却呈下降趋势。由长三角内部三省一市整体的增加值出口贸易流量规模及演变趋势可以看出，考察期内长三角一体化水平总体上升，长三角区域内部的价值链分工与整合进一步深化，上海在长三角一体化发展进程中的核心和引领作用得到较好的体现，上海对周边经济发展的辐射功能得到了比较好的发挥。未来，可以进一步强化区域内部产业部门间的分工合作以及上海的中心辐射功能，实现彼此间的优势互补，推动长三角更高水平的一体化发展（见表4-2、图4-1）。

表4-2　长三角区域内各省（市）整体增加值出口贸易流量

	2012年（亿元）	2015年（亿元）	变动率（%）	2017年（亿元）	变动率（%）
江苏	2199.87	4015.21	82.52	2993.56	−25.44
上海	1005.06	2649.86	163.65	3086.62	16.48
浙江	1107.92	1397.14	26.10	2143.04	53.39
安徽	1235.09	1753.96	42.01	1716.97	−2.11

（亿元）

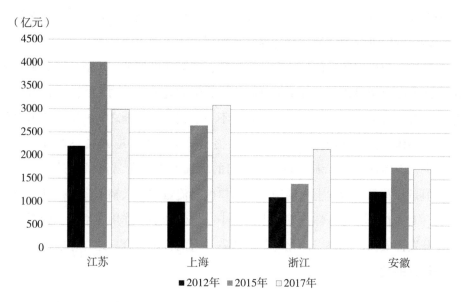

图 4-1 长三角区域内各省（市）整体增加值出口贸易流量（单位：亿元）

二、长三角省际增加值出口贸易流量

为进一步深入地认识和把握长三角区域内部增加值贸易流向的结构特征，特从省际角度对各省市整体的增加值出口贸易流向进行分解，以便掌握长三角内部省际增加值出口贸易流向的地区差异及变动情况，更好地了解长三角内部各省（市）增加值出口贸易发展格局，具体见表 4-3。从省际增加值出口贸易流量发展的绝对水平来看，2012 年长三角区域内部江苏向上海的增加值出口最高，达到 995.88 亿元，最低的则为上海向江苏的增加值出口，仅为 320.8 亿元；2015 年长三角内部省际增加值出口流量最高的为苏浙，出口贸易流量达到 1796.20 亿元，最低的为浙沪，出口贸易流量仅为 336.41 亿元；2017 年长三角内部省际增加值出口流量最高的变为苏浙，出口贸易流量为 1662.56 亿元，最低的则转变为皖沪，出口贸易流量仅为 204.85 亿元。考察期内，除江苏向上海的增加值出口贸易流量快速增长之外，上海、江苏和浙江相互之间的增加值贸易流量也获得了较快增长，但是这三地与安徽之间的贸易流量却多数上升有限，尤其是安徽对上海的增加值出口贸易一直呈下降趋势，安徽在长三角一体化发展进程中的地位有待提升和加强。

从增加值出口贸易流量的变动率来看，考察期内沪苏、沪浙、浙苏和皖苏的增加值出口贸易流量一直呈上升趋势，苏沪和皖沪之间的增加值出口贸易流量则一直呈现下降趋势，其余则是升降不一。其中，沪浙之间的增加值出口贸易流量整体上升幅度最大，2017年增加值出口贸易流量是2012年的4.35倍。事实上，上海向江苏、浙江和安徽之间的增加值出口贸易流量均是大幅上升的，但是江苏和安徽向上海的增加值出口贸易流量却是大幅下降的。这也再次说明，上海在长三角一体化发展进程的中心地位和辐射作用在增强。同时，必须充分发挥安徽的优势，深化与其他两省一市的分工整合，这样才能加快长三角一体化的发展进程。

表4-3　长三角省际增加值出口贸易流量

贸易流向	2012年 （亿元）	2015年 （亿元）	变动率 （%）	2017年 （亿元）	变动率 （%）
沪苏	320.80	661.19	106.11	987.04	49.28
沪浙	289.67	1088.49	275.77	1260.06	15.76
沪皖	394.59	900.18	128.13	839.53	-6.74
苏沪	995.88	988.82	-0.71	562.56	-43.11
苏浙	688.99	1796.20	160.70	1662.56	-7.44
苏皖	515.00	1230.19	138.87	768.45	-37.53
浙沪	404.29	336.41	-16.79	944.20	180.67
浙苏	382.56	516.90	35.12	775.74	50.08
浙皖	321.08	543.83	69.38	455.70	-16.21
皖沪	376.92	350.51	-7.01	204.85	-41.56
皖苏	504.60	700.03	38.73	1012.10	44.58
皖浙	353.57	703.42	98.95	500.02	-28.92

三、长三角省际部门层面增加值出口贸易流量

长三角区域内省际增加值出口贸易流量较好地刻画了长三角内部省际贸易出口的市场分布情况及省际分工合作的格局。接下来将从部门层面进一步分解长三角省际双边增加值出口贸易流量的情况，以便更加深入地掌握长三角省际分工合作的部门差异及部门分工合作的发展趋势与格局。从省际间部门层面增加值出口贸易流量的绝对水平来看，2012 年长三角区域内省际增加值出口贸易流量规模较高的部门主要为 S12、S14、S29、S30 和 S33；2015 年长三角省际部门层面增加值出口贸易流量规模较高的部门为 S12、S14、S29、S30、S33 和 S35，与 2012 相比部门变化不大；2017 年长三角省际部门层面增加值出口贸易流量较高的部门变化较大，主要为 S12、S14、S24、S28、S29、S32 和 S34。从中可以发现，考察期内 S12 和 S14 两个部门的省际贸易流量均较大，说明长三角这两个部门在各省(市)之间实现了较好的分工整合，相互发展联系紧密；与 2012 年相比，各省(市)间 S14 部门的贸易流量均出现一定幅度的下滑，但是 S29、S30 和 S33 三个部门的贸易流量则出现较大幅度的上升，说明这长三角内部这三个部门的价值链分工合作趋于加强；与 2012 年和 2015 年相比，2017 年长三角区域内部各省际贸易流量较大的部门变化较大，除了 S12 和 S14 两个部门仍然维持较好的分工合作外，原分工合作程度较高的部门贸易流量均出现大幅下滑，而 S24、S28、S29、S32 和 S34 的分工合作则获得了快速发展。其次，长三角区域内部同一部门层面不同省际增加值出口贸易流量存在明显的差异，该差异与长三角区域内部省际整体增加值出口贸易流量存在的差异相似，即贸易流量较高的省际部门层面的贸易流量通常也较高。再次，相同省际不同部门的增加值出口贸易流量也存在明显的差异。类似 S12 和 S14 等部门的分工合作在长三角区域内部各省际的分工整合均较好，贸易流量规模也较大。但是，值得注意的是，S03、S05、S26、S27、S28、S37、S39、S40、S41 和 S42 等部门的贸易流量规模非常小，长三角这些部门的省际分工合作还处于初级层次。未来，必须加强和深化这些部门的省际分工整合，充分发挥各省市这些部门的优势，实现省际的优势互补，促使这些部门获得更好更快的发

展，这样才能促进长三角一体化发展水平得到更好的提升（见表 4-4、表 4-5、表 4-6）。

表 4-4 长三角省际部门层面增加值贸易流量

单位：亿元

部门	2012 年											
	沪苏	沪浙	沪皖	苏沪	苏浙	苏皖	浙沪	浙苏	浙皖	皖沪	皖苏	皖浙
S01	0.38	0.34	0.20	39.30	50.06	29.61	10.86	14.09	10.67	37.74	64.95	57.09
S02	—	—	—	2.58	2.00	1.31	0.05	0.05	0.03	25.75	52.27	28.72
S03	0.13	0.11	0.12	1.76	1.15	0.94	—	—	—	—	—	—
S04	—	—	—	0.37	0.30	0.19	0.40	0.61	0.18	12.43	31.37	12.79
S05	—	—	—	1.16	1.06	0.53	1.13	4.61	0.56	1.89	9.75	1.97
S06	18.07	10.72	6.42	15.82	17.90	11.63	3.75	6.43	3.16	12.52	28.96	16.97
S07	0.22	0.18	0.17	14.24	18.39	5.76	7.04	12.96	10.94	2.85	2.23	4.05
S08	0.17	0.18	0.18	3.19	3.12	1.54	3.63	4.27	4.29	1.49	1.39	1.52
S09	1.23	0.83	0.52	6.49	3.65	2.72	4.96	4.86	2.24	5.09	5.32	2.94
S10	4.73	2.10	3.71	7.53	4.82	4.19	13.89	26.16	17.34	3.72	5.21	2.45
S11	3.06	2.50	2.83	11.39	7.02	5.91	12.76	6.77	5.11	2.86	2.33	1.81
S12	31.69	32.84	18.49	128.51	135.66	92.49	44.45	51.19	31.82	21.24	28.80	23.55
S13	5.35	4.32	0.58	29.16	22.87	4.73	10.33	10.72	1.63	16.09	30.07	14.27
S14	12.57	10.36	5.33	45.02	35.81	21.89	19.57	24.71	10.86	36.95	62.28	44.08
S15	1.84	1.92	1.19	12.81	8.11	5.76	12.84	5.60	5.93	4.81	2.50	2.35
S16	10.71	3.71	5.59	16.02	8.59	10.90	13.46	18.73	9.64	6.03	8.24	3.44
S17	4.71	3.70	4.75	9.38	5.67	7.30	3.00	2.67	1.91	2.01	2.26	1.42
S18	4.74	9.92	5.07	9.57	4.92	2.57	11.92	3.56	3.37	8.06	2.22	4.20
S19	2.34	2.04	0.94	35.99	17.89	8.36	10.16	6.65	3.19	19.91	13.19	10.37
S20	1.25	0.50	0.47	52.59	7.73	6.75	11.13	5.22	1.45	5.15	2.94	0.95

续表

部门	2012 年											
	沪苏	沪浙	沪皖	苏沪	苏浙	苏皖	浙沪	浙苏	浙皖	皖沪	皖苏	皖浙
S21	0.59	0.92	0.30	7.30	6.75	2.59	0.74	0.59	0.35	0.41	0.39	0.40
S22	1.36	0.85	0.56	0.20	0.12	0.08	1.20	0.90	0.27	1.81	1.73	0.90
S23	0.40	0.33	0.18	164.80	129.52	34.65	4.34	4.56	2.36	12.54	6.86	10.85
S24	0.66	0.33	0.59	0.05	0.04	0.03	2.53	2.28	2.20	0.33	0.42	0.22
S25	7.38	6.32	6.21	17.98	13.44	8.82	15.29	16.03	9.72	18.19	23.15	15.10
S26	0.26	0.23	0.15	0.84	0.36	0.34	0.33	1.03	0.38	0.42	0.97	0.26
S27	0.16	0.15	0.16	1.58	0.68	1.89	1.78	0.94	2.44	0.44	0.45	0.32
S28	1.03	0.16	0.28	1.42	0.98	1.41	0.34	2.03	0.39	0.73	1.32	0.57
S29	41.21	71.22	138.94	79.79	54.21	85.66	30.65	33.52	70.89	19.70	25.51	30.50
S30	33.12	20.58	30.16	60.10	30.22	33.30	28.14	23.11	17.36	31.46	25.62	15.41
S31	1.99	3.32	3.08	11.10	11.66	7.93	11.94	5.09	11.57	3.36	3.51	3.54
S32	15.03	6.99	9.68	62.15	13.18	13.54	6.83	6.82	5.21	3.91	3.40	1.86
S33	65.59	50.17	97.54	52.69	34.97	40.78	52.31	51.10	43.46	20.08	23.38	15.20
S34	5.20	4.62	7.91	33.89	7.42	8.32	31.20	5.30	6.30	13.81	7.06	5.30
S35	24.62	15.45	35.22	35.69	14.66	34.81	9.91	8.57	10.63	12.47	11.70	4.90
S36	15.23	18.27	2.58	7.26	2.68	2.25	1.74	1.83	1.47	1.88	3.33	3.25
S37	0.07	0.33	0.08	0.82	2.69	0.72	0.90	1.06	1.07	0.73	0.97	3.01
S38	2.67	2.16	2.72	6.08	3.90	3.31	2.72	2.73	2.43	3.37	3.87	2.78
S39	0.40	0.35	0.79	5.30	2.48	7.47	1.98	1.37	3.34	2.39	2.15	1.51
S40	—	—	—	1.19	0.84	0.54	0.45	0.48	0.76	0.23	0.32	0.27
S41	0.15	0.33	0.25	1.40	0.98	0.90	1.83	1.34	2.51	1.05	1.06	1.70
S42	0.48	0.32	0.65	1.35	0.51	0.59	1.83	2.02	1.65	1.04	1.14	0.81

注：“—”表示增加值贸易流量数据缺失或者无法计算。

表4-5 长三角省际部门层面增加值贸易流量(续1)

单位:亿元

部门	2015 年											
	沪苏	沪浙	沪皖	苏沪	苏浙	苏皖	浙沪	浙苏	浙皖	皖沪	皖苏	皖浙
S01	0.86	0.92	0.69	41.58	97.40	77.57	8.40	16.60	17.69	36.22	85.59	80.67
S02	—	—	—	1.17	2.52	1.30	—	—	—	8.67	28.43	23.68
S03	0.21	0.20	0.20	—	—	—	—	—	—	—	—	—
S04	—	—	—	0.14	0.34	0.13	0.08	0.38	0.11	1.32	15.42	5.84
S05	—	—	—	1.28	3.26	1.12	0.36	2.70	0.39	2.10	13.70	6.95
S06	26.23	19.33	13.97	19.56	41.65	32.61	1.79	5.15	3.15	9.49	30.31	18.73
S07	0.38	0.44	0.37	12.88	39.74	23.64	4.75	12.26	13.20	1.85	4.76	5.65
S08	—	—	—	4.99	13.84	6.39	1.95	3.95	6.34	2.21	4.76	7.31
S09	1.55	3.79	1.03	10.21	27.69	8.87	0.42	0.65	0.50	5.15	7.63	14.68
S10	4.63	7.17	7.29	13.43	27.58	23.62	6.38	8.45	15.27	4.00	5.58	6.33
S11	4.45	4.30	4.47	10.24	16.11	10.02	14.24	11.00	8.20	9.05	12.35	12.29
S12	57.42	67.58	52.13	112.80	237.88	197.06	24.23	43.35	37.11	17.99	34.88	37.40
S13	3.18	9.39	0.74	32.47	94.42	6.38	1.62	2.12	0.55	22.72	37.02	70.48
S14	11.84	15.00	4.92	23.96	56.51	21.92	3.46	11.22	4.00	13.64	63.64	60.25
S15	3.03	7.26	2.41	21.04	53.64	14.40	2.00	2.36	2.17	4.67	3.52	12.71
S16	14.40	19.43	16.12	30.06	42.78	31.29	5.54	5.02	4.90	6.74	8.92	10.55
S17	15.07	22.19	5.93	5.87	59.02	21.02	0.78	1.53	1.07	1.25	4.94	5.31
S18	11.41	30.48	13.48	24.24	11.92	6.41	17.47	4.84	5.72	15.09	3.62	6.78
S19	4.97	10.42	3.42	42.11	84.83	28.74	5.96	5.78	4.88	15.44	17.33	30.56
S20	5.55	8.80	4.59	29.10	59.82	37.58	3.70	4.25	3.41	4.53	6.21	7.52
S21	1.61	4.07	1.37	13.18	22.12	9.26	0.73	0.71	0.53	0.58	0.75	1.05

部门	2015 年											
	沪苏	沪浙	沪皖	苏沪	苏浙	苏皖	浙沪	浙苏	浙皖	皖沪	皖苏	皖浙
S22	1.71	2.02	1.64	0.51	0.97	0.50	1.98	1.11	0.88	2.07	1.59	1.62
S23	0.18	0.21	0.08	1.74	3.85	1.80	4.78	17.77	1.41	2.51	12.32	2.63
S24	7.48	5.72	8.87	0.17	0.36	0.17	1.18	1.86	2.22	0.77	1.84	1.50
S25	10.23	11.98	9.77	14.58	31.21	16.11	17.70	17.66	13.94	13.70	31.05	32.38
S26	2.75	1.42	1.38	1.00	1.18	0.81	0.40	4.40	1.82	0.44	1.44	0.68
S27	0.57	0.92	0.66	1.17	2.23	19.53	0.33	0.60	0.50	0.47	1.37	0.86
S28	1.84	1.01	0.93	1.99	3.36	2.77	0.82	4.96	1.22	0.51	1.44	0.88
S29	107.19	101.96	160.61	134.62	155.82	153.22	37.42	126.76	185.61	21.07	64.03	59.15
S30	70.19	49.16	71.34	47.29	78.02	63.80	17.07	31.72	29.62	21.82	45.69	36.47
S31	13.75	21.81	12.65	10.06	22.29	13.80	4.43	16.49	15.06	4.16	9.63	9.87
S32	32.69	36.50	30.02	77.23	38.12	28.04	39.84	37.41	18.05	6.07	7.02	5.26
S33	138.69	484.75	341.06	81.22	290.16	192.77	35.87	51.39	55.92	34.40	65.88	66.61
S34	25.76	33.84	34.11	38.57	32.00	26.34	30.06	21.04	26.77	7.08	11.33	10.68
S35	48.17	49.94	63.86	85.50	71.26	102.55	25.67	23.97	34.74	35.84	34.40	23.29
S36	19.69	37.08	11.72	8.85	12.58	6.30	1.28	2.87	2.48	1.37	2.51	2.99
S37	0.27	0.90	0.40	1.23	4.30	2.03	0.62	1.16	1.44	0.38	0.81	1.50
S38	6.48	8.55	7.71	11.80	19.37	12.50	2.29	3.35	3.99	9.49	10.41	13.37
S39	2.88	5.31	5.35	11.38	14.71	18.69	6.37	3.33	11.49	2.25	2.84	2.84
S40	0.01	0.05	0.02	3.58	10.98	2.30	0.62	1.90	2.65	0.46	0.45	1.52
S41	0.59	0.88	0.58	2.89	6.63	4.09	1.13	1.88	1.64	1.61	2.78	2.97
S42	3.27	3.67	4.27	3.14	3.74	2.72	2.67	2.96	3.19	1.31	1.82	1.62

表4-6 长三角省际部门层面增加值贸易流量(续2)

单位：亿元

部门	2017 年											
	沪苏	沪浙	沪皖	苏沪	苏浙	苏皖	浙沪	浙苏	浙皖	皖沪	皖苏	皖浙
S01	2.24	2.70	1.44	19.49	171.73	91.18	17.77	98.25	48.81	11.57	96.08	73.60
S02	0.00	0.00	0.00	1.38	5.36	2.29	0.06	0.04	0.03	8.24	51.34	18.49
S03	0.17	0.24	0.12	0.75	2.28	1.09	0.00	0.00	0.00	0.00	0.00	0.00
S04	0.00	0.00	0.00	0.49	2.15	0.79	0.16	4.31	0.52	3.71	46.16	15.03
S05	0.00	0.00	0.00	0.50	1.46	0.52	25.20	1.16	0.30	2.64	23.99	5.71
S06	27.47	27.27	14.63	4.68	27.38	11.77	2.86	10.89	6.07	3.48	22.89	20.66
S07	0.18	0.33	0.18	6.33	21.10	15.37	7.83	6.62	25.75	1.81	2.73	4.27
S08	0.18	0.31	0.09	2.86	5.49	1.54	1.05	0.78	0.66	2.58	2.48	4.11
S09	2.63	10.00	0.54	6.57	29.79	1.84	13.73	13.47	0.71	1.31	29.71	10.33
S10	7.21	8.96	6.26	12.14	25.65	12.95	11.94	12.95	9.48	3.56	9.21	6.88
S11	14.95	15.39	11.13	6.60	18.87	8.76	31.43	19.72	13.46	2.43	9.16	4.10
S12	96.36	153.94	70.31	31.66	213.81	99.57	21.56	42.59	34.29	9.77	46.07	32.99
S13	1.05	28.92	0.47	15.02	21.14	8.19	255.64	2.17	1.10	17.51	226.88	22.74
S14	52.75	139.22	25.80	30.15	139.69	50.44	5.13	7.07	4.89	10.17	26.18	27.59
S15	5.12	17.16	7.02	18.98	36.31	12.89	6.26	2.84	2.40	10.97	12.66	17.13
S16	11.23	21.97	28.60	12.07	27.30	34.67	9.10	7.99	19.08	3.29	6.93	6.47
S17	4.91	18.37	8.27	3.88	26.53	17.11	1.03	1.99	3.20	0.63	2.54	3.20
S18	45.47	68.52	15.50	14.02	32.08	11.83	8.67	13.42	4.13	3.84	11.07	9.08
S19	4.35	9.78	5.13	48.10	56.58	27.20	4.91	2.23	2.53	14.32	10.48	16.70
S20	4.85	12.18	5.66	17.60	79.98	43.52	2.93	4.19	4.87	3.50	8.35	12.43
S21	2.72	15.82	4.07	8.74	90.74	38.79	1.46	2.91	4.52	0.52	1.94	4.29

续表

部门	2017 年											
	沪苏	沪浙	沪皖	苏沪	苏浙	苏皖	浙沪	浙苏	浙皖	皖沪	皖苏	皖浙
S22	5.34	6.08	3.65	1.18	4.54	1.79	100.64	170.01	31.09	8.19	22.05	13.10
S23	6.83	2.77	1.49	0.03	0.08	0.04	0.67	0.94	0.23	0.27	1.13	0.24
S24	17.43	25.09	11.66	12.66	43.84	20.23	30.68	21.82	19.63	6.22	35.57	13.88
S25	2.58	4.04	2.31	1.72	2.72	2.17	0.82	1.07	0.89	0.25	1.02	0.49
S26	0.61	0.70	0.55	0.12	0.35	0.17	0.81	0.76	0.66	0.20	0.57	2.74
S27	4.15	1.43	0.93	0.54	1.55	0.76	1.29	1.21	0.85	0.29	14.97	0.68
S28	89.98	151.53	56.89	52.96	203.01	71.05	88.35	79.70	38.59	29.21	123.22	68.99
S29	114.64	86.69	27.13	53.59	98.24	36.82	101.13	90.53	22.84	9.64	39.62	18.36
S30	14.88	7.85	16.48	4.22	11.81	5.90	10.99	21.89	23.77	1.69	6.92	3.43
S31	20.66	46.58	28.87	60.50	51.89	27.31	53.72	9.18	21.66	2.04	4.97	3.35
S32	274.86	229.09	194.92	39.45	78.37	44.87	43.84	49.63	34.45	10.60	44.11	21.80
S33	32.29	30.03	29.99	14.98	26.57	12.97	11.22	9.98	8.28	7.86	21.81	12.41
S34	51.29	56.47	46.78	42.60	58.50	33.00	59.65	48.14	33.09	8.74	27.29	15.52
S35	0.03	0.08	0.02	0.00	0.01	0.00	0.00	0.00	0.00	0.00	0.00	0.00
S36	51.19	34.24	196.56	1.10	3.35	2.02	3.31	6.18	3.78	0.38	3.23	1.18
S37	0.48	0.31	0.60	0.45	1.61	1.58	0.63	0.72	0.68	0.18	1.09	0.94
S38	5.88	11.13	4.81	5.32	22.35	6.39	2.97	2.64	24.89	1.48	6.00	3.34
S39	3.96	8.13	5.22	3.15	8.95	4.20	0.62	0.45	0.59	0.63	2.34	1.65
S40	0.01	0.01	0.01	0.46	0.02	0.01	0.15	0.40	0.19	0.18	0.11	0.03
S41	0.86	1.03	0.43	1.53	3.49	1.61	1.85	3.24	1.43	0.78	8.33	1.67
S42	5.22	5.70	5.00	3.98	5.89	3.27	2.12	1.67	1.32	0.17	0.88	0.43

第三节　省际贸易成本对长三角省际贸易发展的促进效应

2012—2017 年，虽然长三角三省一市的省际贸易发展存在显著差异，波动明显，但是总体均出现较大的增长。2012 年，江苏、上海、浙江和安徽各省市对长三角其他省市的贸易总量分别为 2199.87 亿元、1005.06 亿元、1107.92 亿元和 1235.09 亿元，2017 年规模分别上升到 2993.56 亿元、3086.62 亿元、2143.04 亿元和 1716.97 亿元，增长率分别为 36.08%、2077.11%、93.43%和 39.02%。长三角区域内部省际贸易的发展受到多种因素的影响，接下来将重点考察经济增长因素、省际贸易成本因素和多边阻力因素对省际贸易发展的贡献。

一、长三角各省(市)整体增加值贸易增长的促进效应

从前述的公式易知，长三角区域内部各省(市)整体的增加值贸易增长与贸易成本因素负相关，与经济增长因素和多边阻力因素正相关。这意味着经济增长和多边阻力上升以及贸易成本下降可以有效促进长三角区域内部各省(市)同其他省(市)整体的增加值贸易的发展。

根据表 4-7 显示的结果，2012—2017 年，江苏、上海、浙江和安徽各自对长三角区域内其他省(市)的增加值贸易出口流量的增长率依次为-13.25%、27.15%、-21.72%和 28.16%。从贸易流量变动的影响因素来看，江苏和浙江增加值出口贸易流量为负增长，变动的主要影响因素为收入增长和贸易成本下降。对于江苏而言，收入增长的贡献率最大，其数值为 80.22%；贸易成本下降的贡献率次之，其数值为 27.95%；多边阻力下降的贡献率最小，仅为 8.17%。对于贸易流量同为负增长的浙江而言，收入增长的贡献率为 53.98%，贸易成本下降的贡献率为 35.99%，多边阻力下降的贡献率为-10.03%。

考察期内，上海和安徽整体的增加值出口贸易流量则是正增长，其增长率分别为 27.15%和 28.16%。收入增长的因素是上海和安徽贸易流量变动的主要影响因素，其贡献率分别为 80.91%和 112.56%；多边阻力下降的贡献对上海贸易流量的影响次之(-74.32%)，贸易成本下降的贡献对安徽贸易流量的影

响次之(-83.25%);对上海和安徽贸易流量变动贡献最小的影响因素则分别为贸易成本的下降和多边阻力的下降,其贡献率分别为-55.32%和-70.69%(见表4-8、表4-9)。

表4-7　2012—2017年长三角各省(市)整体增加值贸易增长的效应分解

单位:%

地区	省际贸易增长率	收入增长的贡献率	贸易成本下降的贡献率	多边阻力下降的贡献率
江苏	-13.25	80.22	27.95	8.17
上海	27.15	80.91	-55.23	-74.32
浙江	-21.72	53.98	35.99	-10.03
安徽	28.16	112.56	-83.25	-70.69

表4-8　2012—2015年长三角各省(市)整体增加值贸易增长的效应分解

单位:%

地区	省际贸易增长率	收入增长的贡献率	贸易成本下降的贡献率	多边阻力下降的贡献率
江苏	82.52	50.84	14.79	-34.37
上海	163.65	52.23	-30.01	-77.78
浙江	26.10	39.90	20.69	-39.41
安徽	42.01	46.38	58.27	4.66

表4-9　2015—2017年长三角各省(市)整体增加值贸易增长的效应分解

单位:%

地区	省际贸易增长率	收入增长的贡献率	贸易成本下降的贡献率	多边阻力下降的贡献率
江苏	-25.44	397.09	169.90	466.99
上海	16.48	231.23	-187.41	-56.18

续表

地区	省际贸易 增长率	收入增长的 贡献率	贸易成本下降的 贡献率	多边阻力下降的 贡献率
浙江	53.39	99.21	85.14	84.35
安徽	-2.11	-153.30	485.33	232.03

二、长三角省际增加值贸易增长的促进效应

在分析长三角各省(市)对区域内其他省(市)整体贸易流量的基础上,进一步掌握各省(市)贸易流量发展的长三角内部贸易流量地区结构,特对长三角内部省际双边增加值出口流量的增长情况及其相关因素的贡献率作量化分解,具体结果见表4-10。由表中结果可知,除苏沪和皖沪外,2012—2017年长三角其他省际双边增加值出口贸易流量均呈增长趋势,其中沪浙双边贸易流量增长最多,高达335%。苏沪和皖沪双边增加值出口贸易流量下降明显,分别为-43.51%和-45.65%。从分解结果来看,对各个省际双边增加值贸易流量变动贡献最大的因素存在显著差异,其中收入增长因素对沪苏、沪皖、苏沪、苏皖、浙皖、皖沪、皖苏和皖浙的双边增加值贸易流量变动的贡献最大,其对应的贡献率分别为 160.95%、632.98%、160.95%、87.24%、132.04%、632.98%、87.24%和132.04%;贸易成本下降因素对沪浙、苏浙、浙沪和浙苏的双边增加值贸易流量变动的贡献最大,其贡献率依次为 45.18%、91.45%、45.18%和91.45%;多边阻力因素下降对沪浙、沪皖、浙沪和皖沪双边增加值贸易流量的增长也有一定的促进作用,其贡献率分别为-17.73%、-399.60%、-17.73%和-399.60%。此外,由于考察期内沪苏、沪皖、苏沪、浙皖、皖沪和皖浙的双边省际贸易成本不降反升,导致贸易成本成为双边贸易发展的阻碍。

表 4-10　2012—2017 年长三角省际增加值贸易增长的效应分解

单位:%

地区	省际贸易增长率	收入增长的贡献率	贸易成本下降的贡献率	多边阻力下降的贡献率
沪苏	207.68	160.95	−53.87	7.08
沪浙	335.00	37.09	45.18	−17.73
沪皖	112.76	632.98	−932.58	−399.60
苏沪	−43.51	160.95	−53.87	7.08
苏浙	141.30	55.41	91.45	46.86
苏皖	49.21	87.24	66.67	53.91
浙沪	133.55	37.09	45.18	−17.73
浙苏	102.78	55.41	91.45	46.86
浙皖	41.93	132.04	−12.72	19.32
皖沪	−45.65	632.98	−932.58	−399.60
皖苏	100.57	87.24	66.67	53.91
皖浙	41.42	132.04	−12.72	19.32

三、长三角省际增加值贸易发展趋势与推动力

总体来看，考察期内长三角区域内各省整体及省际增加值贸易流量呈现较快的增长趋势。这说明长三角区域内省际价值链分工与整合深化趋势明显，长三角一体化发展水平显著提升。从长三角各省整体及省际增加值贸易流量发展的影响因素来看，经济增长因素是长三角区域内部增加值贸易发展的主要推动力，贸易成本下降对长三角区域内增加值贸易流量增长的贡献仅次于经济增长的贡献。多边贸易阻力下降因素对区域内贸易流量增长的贡献多为负值，说明多边阻力下降产生了对外贸易替代效应，即多边阻力下降有力地促进了长三角各省(市)对外贸易的开展，对长三角内部省际贸易的发展产生了替代。考查期内存在贸易成本下降对部分省际贸易发展的贡献率为负，这主要是由于对应

省际贸易成本上升。

　　长期以来，贸易成本一直在专业化分工与合作中起着非常重要的作用，成为解释分工主体参与分工合作活动的区位选择和经济活动的关键。贸易成本对分工与合作的作用机制可以概括为创造效应和转移效应。某个区域贸易成本的降低意味着该区域的分工贸易更加便利化，会吸引大量企业进入该区域形成产业集聚，由此带来新的分工合作，形成分工合作的创造效应。此外，随着某一区域贸易成本的下降和贸易更加便利化，区域内部与区域外部进行分工合作的企业将部分甚至全部的外部分工合作转移至同区域内部的企业进行，由此带来成本的下降和效率的提升。这是贸易成本变化在分工合作领域的转移效应。此外，考察期内也存在个别多边阻力因素下降对贸易流量增长贡献率为负的情况，这主要是由于同期内多边阻力增加限制了对外贸易的发展，产生了反向的对外贸易替代效应所致。

第四节　本章小结

　　增加值统计口径的数据可以解决全球价值链分工中因存在大量中间产品贸易而引致的重复统计问题，从而有效反映全球价值链分工的真实情况。本章使用增加值统计口径的贸易数据对长三角省际贸易成本进行客观测度和比较分析，并运用差分分解法探讨省际贸易成本对长三角省际贸易流量增长的贡献效应。研究得出如下结论。

　　第一，长三角各省（市）整体省际贸易成本波动趋势存在显著差异。考察期内，江苏和浙江整体省际贸易成本一直呈下降趋势，下降幅度为2.71%和4.96%；安徽整体省际贸易成本呈先降后升的趋势，总体是增加的，上升幅度为6.32%；上海整体省际贸易成本则是一直呈上升趋势，贸易成本增幅为5.21%。上海整体省际贸易成本不仅不是长三角区域内最低的，而且贸易成本不降反增，这一现象似乎有点反常。这主要是由于上海产业结构转型较快，服务业比重占比明显高于区域内其他三省。服务业中劳动密集型部门较多，虽然可以吸纳较多的劳动力，较好地解决当地就业问题，但是服务业发展滞后于制造业，很多服务难以规模化运营以实现降本增效，而且很多服务作为产品由于其过高的交易成本不具备可贸易性，由此上海的省际贸易成本随着服务业在经济总量中的比重上升而提高。此外，服务业开展分工合作起步较晚，尤其是省际分工合作更加远远落后于制造业，这必然导致服务业省际贸易流量偏小，省内贸易流量偏大，基于贸易流量反推的上海省际贸易成本自然会相对较高。

第二，长三角部门层面整体省际贸易成本的差异主要表现为服务业部门的贸易成本相对较高。长三角各省(市)部门层面省际贸易成本差异主要体现为服务业部门的省际贸易成本整体高于第一、二产业部门的贸易成本，这与产业结构转型的步伐以及服务的可贸易程度低、交易成本高的特征比较吻合。第一、二产业发展到一定阶段后，才会逐步向第三产业转型，服务业比重上升。这必然也导致服务业部门省际分工合作的广度和深度弱于第一、二产业部门，服务业部门的省际贸易成本自然会相对较高。

第三，长三角省际贸易成本的差异还体现在地区差异方面，即省际双边贸易成本存在显著地区差异。考察期初，沪皖双边贸易成本起初最低，浙苏双边贸易成本最高。但是，考察期末，沪皖双边贸易成本最高，沪浙双边贸易成本最低。可见，随着长三角省际贸易的发展和规模的扩大，经济距离因素对贸易成本影响的程度日趋凸显。如何降低因经济距离带来的对贸易成本下降产生的负面影响并以此推动长三角省际贸易增长和一体化发展就显得至关重要。

第四，采用差分分解法对省际贸易成本因素对长三角省际贸易发展的促进效应进行差分分解发现，省际贸易成本因素对省际贸易发展的贡献率有待进一步提升。经济增长因素对省际贸易发展的贡献率远高于省际贸易成本因素的贡献率。因此，加强基础设施建设，尤其是交通基础设施建设，降低贸易标的的物流成本，最大程度降低经济距离因素对省际贸易成本下降的负面影响，实现长三角一体化发展水平的提升。

本章在使用增加值统计口径的贸易数据对长三角省际贸易成本进行有效测度的基础上，使用差分分解法进一步分析省际贸易成本对长三角省际贸易发展的促进效应，为长三角区域内部深化价值链分工合作、实现更高水平一体化发展提供了全新的政策设计思路和路径参考。首先，长三角三省一市应该依据优势互补原则，充分发挥三省一市各自的产业部门优势，深化省际部门分工与合作，削减省际贸易成本，促进省际贸易的发展。其次，加强上海与其他三省之间的分工合作，降低上海的整体省际贸易成本，发挥上海在长三角经济发展中的中心引领作用，增强上海发展对其他三省的辐射和带动作用，推动长三角一体化发展。最后，针对服务业部门省际贸易成本偏高、服务业部门的省际分工合作滞后等问题，长三角各省(市)，尤其上海应根据服务部门的特殊属性，利用数字技术等手段，加快服务业部门的数字化转型创新，为服务业部门的省际分工与合作提供便利，改变服务业部门省际贸易成本普遍偏高的局面，增强省际贸易成本下降对长三角省际贸易增长的促进作用。

第五章 长三角省际贸易成本的决定因素

上一章基于增加值统计口径对长三角省际贸易流量进行系统测度和详细分析，并对长三角省际贸易流量进行差分分解，较好地说明了各因素对长三角省际贸易流量增长的贡献效应。差分分解的结果显示，长三角省际贸易成本是长三角省际贸易增长的重要影响因素，省际贸易成本的下降成为长三角省际贸易发展的重要推动力。为此，本章将借鉴国际成本影响因素及作用机制的相关分析方法，重点分析长三角省际贸易成本的影响因素及其内在作用机制，并构建模型对长三角省际贸易成本的影响因素进行实证检验，为后续探索提升长三角一体化发展水平和实现长三角协同发展的路径设计提供理论基础和数据支撑。

第一节　国际贸易成本的影响因素

随着国际贸易的发展，关于贸易成本范畴的界定也在不断地调整变化，涵盖的范围也越来越广。从现在贸易发展的实际情况来看，贸易成本通常是指除生产成本之外所有为了使商品或劳务从生产者到达消费者手中而发生的一切成本。传统贸易理论为了使研究问题简单化，没有将贸易成本纳入研究的范畴，即通过假设贸易成本为零，不考虑贸易成本对现实贸易开展的影响。但是，随着国际分工与贸易的不断发展，贸易主体、客体和市场环境变得越来越复杂，不确定性也越来越大，传统贸易理论所赖以产生的完全自由竞争的市场环境已经不复存在，由于贸易成本较低而可以忽略其对贸易开展的影响的假设也无法继续有效。因此，贸易成本对贸易发展的影响也日益被重视，关于贸易成本的相关理论研究和量化测度便逐渐成为业界和学术界关注的重点领域。

为了能够使贸易理论研究更加贴近贸易实际，并能够更好地指导贸易实践发展的需要，贸易成本作为贸易理论的核心概念被纳入贸易理论研究的范畴。新贸易理论的代表 Krugman（1991）、Fujita（1999）等认为贸易成本是企业进行区位选择和经济活动的关键影响因素。Hummels，David，Ishii 和 Yi（2001）认为贸易成本对国际垂直专业化分工与贸易具有重要影响。Melitz（2003）作为新新贸易理论的代表人物，认为企业参与国际分工与合作的贸易成本主要表现为出口沉没成本，这一成本也是分工与贸易主体企业异质性的典型体现。可见，贸易成本对贸易发展有着越来越重要的影响，正如 Obstfeld 和 Rogoff（2000）评价的那样："贸易成本已经成为打开所有其他开放宏观经济学之谜的钥匙。"

为此，本节将重点探讨国际贸易成本的主要影响因素及其作用机制，以便为后续分析省际贸易成本的影响因素提供借鉴和参考。具体而言，关于国际贸易成本影响因素的研究主要包括理论构成法和实证计量法两类，其中理论构成法主要是从贸易成本的组成视角来分析其影响因素，通常认为贸易成本主要有政策成本、运输成本、关税与非关税壁垒成本、信息成本、语言交流成本和沟通洽谈成本等；实证计量法则是利用计量模型去分析和检验贸易成本的具体影响因素。接下来，本书将综合上述两种研究的结果，对贸易成本的诸多影响因素进行归类总结，并对其进行逐个介绍。

一、政策因素

政策因素主要是指全球性贸易协定、区域性贸易协定等因素。贸易参与方同属于某个全球性或区域性贸易协定，在贸易和投资领域达成了某种互惠安排或者便利化，对其贸易成本均会产生重要影响。反之，不属于同一个贸易协定内的成员与非成员之间通常或多或少会存在一些贸易政策壁垒，分工合作和贸易便利化受到一定的限制，彼此之间进行贸易便会存在较高的贸易成本。

(一) 全球性贸易协定

全球性贸易协定的代表当属世界贸易组织（WTO）。WTO 是处理国家间贸易规则的唯一全球性国际组织。WTO 成立于 1995 年 1 月 1 日，其前身为 1947 年 10 月 30 日签订的关税与贸易总协定（GATS）。WTO 的核心是世贸组织协定，由世界上人部分贸易国和地区谈判和签署，并经其议会批准。WTO 的目标是保证贸易尽可能顺利、可预测和自由地流动。

世贸组织的指导原则仍然是追求开放边界、保障最惠国原则和成员之间的非歧视性待遇，以及对其活动透明度的承诺。除了合理的例外或充分的灵活性，WTO 鼓励成员对外开放市场，提高人民福利，减少贫困，促进贸易可持续发展。GATS 及后来的 WTO 极大地促进了成员削减关税和非关税壁垒，推进贸易便利化，降低了贸易成本，推动了国际贸易的发展。同时，各成员加入世界贸易组织后，在履行入世相关承诺的同时，还可以互惠地获得广大成员所给予的永久性和无条件的贸易最惠国待遇。这从制度上为成员方对外贸易的发展提供了良好的外部环境，对其经贸发展至关重要。此外，WTO 还为成员方的贸易摩擦和纠纷提供了一个很好的协商解决框架和机制，成员方可遵照 WTO 所规定的争端解决机制和程序相对公平地解决贸易摩擦和纠纷。

2001年12月11日，通过16年的努力，中国顺利加入WTO，成为世界贸易组织第143个成员。依据中国加入世界贸易组织的相关承诺，中国逐步对工业、农业、服务业等领域扩大对外开放，加快推进贸易和投资自由化便利化。在履行承诺的过程中，中国深化外贸体制改革，完善外贸法律法规体系，减少贸易壁垒和行政干预，理顺政府在外贸管理中的职责，实现有管理的贸易自由化，促进政府行为更加公开、公正和透明，推动开放型经济进入一个新的发展阶段。中国通过进一步加快对外经济贸易法制化建设，修订外贸法规，削减关税，全面放开外贸经营权，扩大服务市场开放并营造更为公平的市场竞争环境，同时享受WTO成员间贸易自由化的成果，为对外贸易发展创造了巨大的发展空间。

(二)区域性贸易协定

虽然WTO对贸易自由化和区域经济合作起到了重大的推动作用，成员方关税水平显著下降，非关税壁垒逐步减少，贸易便利化快速发展，但是新型的全球价值链分工与合作需要成员方更加高效和深度的贸易规则和政策合作，针对此类融合与合作，WTO举步维艰。鉴于此，部分成员方之间出于经贸发展的需要和自身利益的考虑，初步尝试在一些敏感的经贸领域进行磋商并获得一定的进展，由此区域经贸协定(RTA)便应运而生。与全球贸易协定相比，RTA具有更大的灵活性，能够较好地便于几个国家或地区针对部分敏感领域进行协商，减少了贸易分歧和摩擦，强化了贸易政策的合作，削减了贸易成本，提升了贸易自由化和便利化水平，有效推动了区域内成员之间经贸的快速发展。事实证明，RTA可以有效促进成员国或地区之间的合作广度和深度，削减关税和非关税壁垒，改善成员之间贸易不确定性风险，降低贸易成本(Chauffour等，2011；赵金龙等，2021)。

2020年底，全球范围内建立的RTA数量已达494个，其中双边贸易协定(双边RTA)增长明显快于多边区域贸易协定(多边RTA)。近些年缔结的RTA不仅关注市场准入，而且更加广泛地涉及经贸政策协调和国内规制问题，体现出区域贸易协定内部深度一体化的显著特征。中国作为全球第一大贸易国，多年来也积极推进区域贸易自由化，努力与主要的贸易伙伴和周边国家或地区达成区域自由贸易协定，深化经贸领域的合作，推进贸易和投资便利化。2019年11月发布的《中共中央国务院关于推进贸易高质量发展的指导意见》中明确提出，加快形成面向全球的高标准自由贸易区网络。实施自由贸易区战略对于中国参与全球经贸规则的制定与修改，应对复杂多变的国际经济形势和日益增加的经贸摩擦，提升国际分工与合作的深度与水平，降低贸易成本，实现外贸高效率发展和外贸竞争优势提升，具有重要意义。

二、经济规模因素

经济因素主要是指贸易主体的经济规模、经济发展水平和市场规模等，通常使用GDP、人均GDP、人口因素等指标予以度量。林德(1961)提出的林德理论指出，一国的经济发展水平将会影响其消费偏好、消费模式和消费结构，经济发展水平越接近的经济主体，相互需求强度越大，发生贸易的可能性也越高。

GDP是衡量一国经济总量或者规模的重要指标，代表着该国产品或劳务的供给能力、社会的总支出和收入水平。一国的GDP总量越大，意味着该国的产出能力和购买能力也越强，与外部进行贸易的需求也越大。与之相关的另一个指标便是人均GDP，该指标用于反映一国人均收入水平的大小，对其居民的消费偏好和消费结构有着重要影响。当两国的人均GDP水平相差不大时，就代表两国的消费偏好和消费结构比较相似，对相关商品或劳务在种类和层次上的需求比较接近，对两国贸易的发展具有正向促进效应；反之，对两国贸易的发展则具有反向阻碍效应。

人口因素主要包括人口的数量、人口的年龄结构、人口的教育结构。在其他条件相同的情况下，一国的人口规模越大，对国外产品的需求也会越大，国外产品的进入就会比较容易，也容易形成较好的规模经济效应，贸易成本自然也就比较低。人口的年龄结构和教育结构对贸易成本也会造成一定影响。在同等情况下，当一国人口中年轻人居多，受教育程度也比较高，往往更加容易接受国外的新产品，尤其是对一些科技含量高的产品具有较强的偏好，在此情况下，贸易成本就会比较低。反之，一国的老年人口居多，受教育程度低，难以吸收和接受外来的文化和新生事物，与此相应的贸易成本也会比较高。

三、地理因素

地理因素包括两个贸易伙伴之间的地理距离以及双方是否存在邻近关系和共享边界。地理因素中的地理距离主要是通过影响运输成本而对贸易成本产生影响。对于贸易成本的研究起源于运输成本，早期的研究甚至直接用运输成本替代贸易成本。运输成本涉及燃油成本、人工成本以及运输工具的维修保养成本等，这些都直接与地理距离紧密相关。同时，与贸易交易过程相关的保险费用、保存费用、时间成本、执行成本等也间接与地理距离相关。地理距离越远，构成运输成本的直接或间接费用就越高，贸易成本也越高。所以，地理距离越接近的贸易伙伴，相互之间进行贸易的成本也会相对较低。

地理因素中另外一个影响贸易成本的因素是贸易双方是否是邻近关系或是否共享边界。如果贸易双方是邻近关系或者共享边界，双方的信息交流与交往就会相对便捷很多，语言文化方面相似度更高，相互联系会比较紧密，彼此之间也更加容易进行贸易往来，贸易成本自然也相对较低。在早期信息通信技术不发达、信息交流和沟通非常不方便的时代，这一因素对贸易成本的影响更加突出。

四、语言文化因素

语言文化因素主要包括贸易伙伴使用的语言是否存在差异、文化传统是否接近等。语言和文化传统对贸易双方贸易成本的影响虽然不是非常直接，但是这有可能会对贸易双方主观上是否愿意接洽、是否对业务开展有抵触情绪等产生心理上的作用。一般而言，语言文化差异大会导致贸易双方之间的沟通成本和诚信风险增加，不利于贸易的开展。如果贸易伙伴双方使用相同的语言，文化传统存在的差异也不大或者比较相似，则双方信息沟通和语言沟通就会比较顺畅，便于贸易合同的磋商、签订与执行，贸易成本自然相对较低。

语言文化因素通常受历史的影响较大。如果贸易双方在历史上曾经是殖民地和宗主国的关系，殖民地由于长期在宗主国的统治下，语言、文化传统和习俗多少都会受到宗主国的影响，统治时间越长对其影响也会越大。后期殖民地即使宣布独立，很多语言、习俗和文化传统方面的习惯仍会保留下来，至少还会存在一定程度上的影响。双方语言文化上的相似性程度自然比较高，相互之间的沟通交流障碍就少，对于双方开展贸易是很好的有利因素，贸易成本也相对较低。

五、基础设施因素

对贸易成本具有较大影响的基础设施因素是指贸易国或地区的交通基础设施、通信基础设施及物流仓储基础设施等。

(一)交通基础设施

交通基础设施因素具体包括公路、铁路、航空机场、内河航道、港口、码头及管道等交通运输基础设施的投资建设与运营管理状况。各国都清楚地知道交通基础设施投资与建设状况在一国经济发展中的重要作用，因此各国都非常重视交通基础设施的建设。同样，交通基础设施的状况对一国对外贸易发展也至关重要。在全球分工与合作深入发展的今天，各国都非常重视交通基础设施的建设与管理，努力完善交通基础设施及配套服务设施建设，提高其运营管理水平和效率，以更好地服务于贸易交易过程中的物流运输环节，提高运输效率，加快商品周转，减少商品损耗，降低贸易成本，促进本国对外贸易的发展。

(二)通信基础设施

通信基础设施主要包括电信通信能力和互联网使用普及率。一方面，电信通信能力和互联网使用普及率状况直接关系到贸易双方进行信息搜集与匹配、沟通交流、业务的交易磋商等便捷程度和时间成本，进而对贸易成本产生影响。另一方面，电信通信能力和互联网使用普及率还将通过影响货款结算、物流运输及合约执行效率来影响贸易成本的高低。

（三）物流仓储基础设施

物流仓储基础设施对贸易成本的影响主要体现在：首先，完善的物流仓储设施可以很好地保护贸易标的，避免不必要的损耗，有效降低贸易成本；一些冷鲜类物资等对保鲜要求高的商品对物流仓储技术和设施要求非常高，这直接关系到货物能否按照规定质量要求送达客户手中；仓储物流技术和设施的发展还可以通过改变贸易结构和贸易方式来影响贸易成本，如当下发展迅速的跨境电子商务中的海外仓业务。

六、数字经济因素

随着大数据、区块链和物联网等数字技术的发展，数字经济已经成为继农业经济、工业经济和信息经济之后的新型经济发展模式。数字经济与传统经济融合渗透，表现为数字产业化和产业数字化。数字技术不仅改变了社会生产和生活方式，而且赋能传统经济贸易转型升级。数字经济的发展必将催生贸易数字化变革，打造贸易新动能，带来贸易成本下降和效率提升。

从数字经济对本国经济的影响来看，数字经济对传统经济贸易的渗透效应带来的数字化转型和效率提升可以有效降低贸易成本。首先，数字经济发展的普惠性提升了非贸易品的可贸易性，形成贸易创造效应，使大量中小企业和发展中国家可以直接参与贸易，拓展了国际贸易的边界。其次，平台经济、物流技术和数据处理技术的应用推动了电子商务、物流和服务自动化的发展，便利了服务贸易。再次，数字技术可以减少贸易交易的中间环节，降低搜寻成本，并对出口产品质量有正向作用，促使产品升级和创新效率的提高。最后，数字经济与传统经济融合发展，可以优化要素配置、促进产业升级和削减贸易成本，引起贸易格局和模式发生重大变化。从数字经济对贸易伙伴国的经济影响来看，数字经济产生的降本增效的经济效应和市场需求效应对伙伴国贸易具有出口促进作用。

第二节　长三角省际贸易成本的影响因素

本节将对国际贸易成本影响因素的作用机制进行拓展，将其应用到长三角省际贸易成本影响因素及其内在机制的研究中来，以深入探讨影响长三角省际贸易成本的影响因素，找出阻碍长三角省际贸易成本降低和贸易流量增长的主要因素，为长三角实现更高水平协同发展的路径设计提供参考。

一、经济规模

长期以来，长三角地区经济总量一直约占中国经济规模的四分之一，经济结构和发展水平处于中国八大经济区域的前列。长三角以不到 4% 的国土面积承载了 4 倍于土地面积比重的常住人口，生产了 6 倍于土地面积比重的经济总量。长三角三省一市的经济规模排名也处于前列，而且经济增长速度和潜力也优于中国其他省市。

(一)GDP 总量

根据表 5-1 和图 5-1 可知，虽然长三角三省一市历年 GDP 总量在全国占比的变化不大，但是绝对数值都处于稳步增长状态。2006—2021 年长三角 GDP 总量在全国的占比均大约为 24%，在全国的经济地位举足轻重。从长三角内部来看，江苏省的 GDP 总量最高，占全国的十分之一；其次为浙江、上海和安徽，而且安徽的 GDP 总量上升较快，基本已经和上海处于同一水平。

表 5-1　长三角三省一市经济总量及其在全国的占比

年份	上海市 (亿元)	占比 (%)	浙江省 (亿元)	占比 (%)	江苏省 (亿元)	占比 (%)	安徽省 (亿元)	占比 (%)	合计占比 (%)
2006	10598.90	4.83	15302.70	6.97	21240.80	9.68	6500.30	2.96	24.44
2007	12878.70	4.77	18640.00	6.90	25988.40	9.62	7941.60	2.94	24.23

续表

年份	上海市（亿元）	占比（%）	浙江省（亿元）	占比（%）	江苏省（亿元）	占比（%）	安徽省（亿元）	占比（%）	合计占比（%）
2008	14536.90	4.55	21284.60	6.67	30945.50	9.69	9517.70	2.98	23.89
2009	15742.40	4.52	22833.70	6.55	34471.70	9.89	10864.70	3.12	24.08
2010	17915.40	4.35	27399.90	6.65	41383.90	10.04	13249.80	3.22	24.26
2011	20009.70	4.10	31854.80	6.53	48839.20	10.01	16284.90	3.34	23.98
2012	21305.60	3.96	34382.40	6.38	53701.90	9.97	18341.70	3.41	23.72
2013	23204.10	3.91	37334.60	6.30	59349.40	10.01	20584.00	3.47	23.69
2014	25269.80	3.93	40023.50	6.22	64830.50	10.07	22519.70	3.50	23.72
2015	26887.00	3.90	43507.70	6.32	71255.90	10.34	23831.20	3.46	24.02
2016	29887.00	4.00	47254.00	6.33	77350.90	10.36	26307.70	3.52	24.21
2017	32925.00	3.96	52403.10	6.30	85869.80	10.32	29676.20	3.57	24.15
2018	36011.80	3.92	58002.80	6.31	93207.60	10.14	34010.90	3.70	24.07
2019	37987.60	3.85	62462.00	6.33	98656.80	10.01	36845.50	3.73	23.91
2020	38700.58	3.82	64613.30	6.37	102719.00	10.13	38680.60	3.82	24.14
2021	43214.85	3.78	73516.00	6.43	116364.20	10.17	42959.20	3.76	24.14

资料来源：根据国家统计局网站公布的数据整理计算而得。

　　林德（1961）指出经济发展水平越接近的经济主体相互需求强度越大，彼此之间贸易可能性也越大，贸易成本也因此会相对较低。长三角各省市之间GDP总量差距最小的为上海—安徽，其次依次为上海—浙江、浙江—安徽、浙江—江苏、安徽—江苏。因此，按照林德（1961）的研究，经济总量因素对长三角省际贸易成本下降的促进效应最大的应为上海与浙江之间，最小的为安徽与江苏之间。这也代表了彼此之间价值链分工与合作的可能性大小与程度。

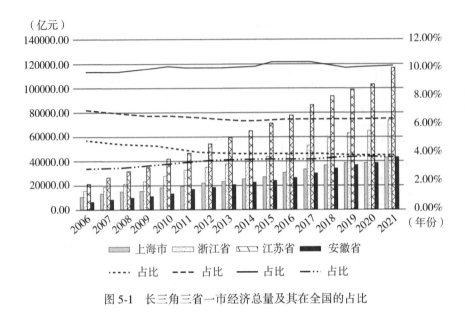

图 5-1　长三角三省一市经济总量及其在全国的占比

（二）人均 GDP

长三角区域由三省一市组成，其中上海市为直辖市。由于人口基数和占地面积的差异，上海作为一直辖市，与浙江和江苏这样的经济强省在总量上肯定存在差距，利用 GDP 总量分析其对省际贸易成本的影响不够科学与合理，使用人均 GDP 来分析其对贸易成本的影响则更具有说服力。

根据表 5-2 和图 5-2 显示，长三角三省一市的人均 GDP 中仅安徽省低于全国水平，其他两省一市均高于全国水平，而且差距呈现进一步扩大的趋势。这也再次说明长三角的经济发展水平位于全国前列，在中国经济发展中的地位及影响力都至关重要。从长三角内部来看，上海的人均 GDP 水平最高，远超过长三角其他三省。浙江与江苏之间的人均 GDP 水平最接近，其次为上海—江苏、上海—浙江、浙江—安徽、江苏—安徽和上海—安徽。因此，从长三角区域内部省际贸易发展来看，浙江与江苏之间的贸易需求强度和贸易潜力最大，贸易成本也应相对较低，对彼此之间的贸易往来有较好的推动作用；而上海与安徽之间的贸易需求强度最低，贸易潜力最小，对彼此之间的贸易往来及贸易成本下降造成一定的阻碍。

表 5-2　长三角三省一市及全国人均 GDP

单位：元/人

年份	上海市	浙江省	江苏省	安徽省	全国
2006	54996	30415	27868	10630	16738
2007	63951	36454	33798	12989	20494
2008	69154	41061	39967	15535	24100
2009	72363	43543	44272	17715	26180
2010	79396	51110	52787	21923	30808
2011	86061	58398	61947	27314	36277
2012	90127	62856	67896	30683	39771
2013	96773	68036	74844	34256	43497
2014	104402	72730	81550	37184	46912
2015	111081	78768	89426	38983	49922
2016	123628	84921	96840	42641	53783
2017	136109	93186	107150	47671	59592
2018	148744	101813	115930	54078	65534
2019	156587	107814	122398	58072	70078
2020	155768	100620	121231	63426	71828

资料来源：国家统计局网站。

（三）人口因素

根据表 5-3、图 5-3，长三角人口密度相对较大，总体人口规模占全国人口的比重为 16% 左右。其中，江苏省的人口规模最大，对其他两省一市的产品需求也会较大，对其与其他两省一市之间的贸易发展具有较好的促进作用，易于

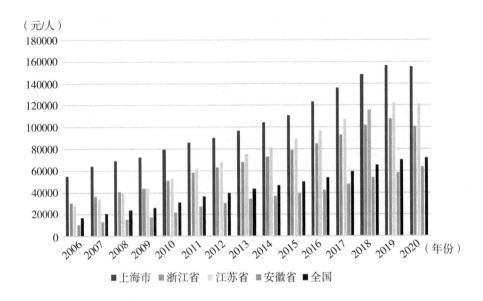

（元/人）

图 5-2　长三角三省一市人均 GDP

形成规模经济效应，有利于贸易成本下降。人口规模最小的为上海市，对其与其他三省之间的贸易发展形成一定阻碍作用。另外，从人口年龄结构来看，长三角区域内人口老龄化比例较高，尤其是上海，对省际贸易成本的下降造成了不利影响。但是，长三角由于经济发展水平高，人们普遍重视教育，所以受教育程度在全国居于前列，这又对区域内省际贸易的发展起到了较好的推动作用，在一定程度上可以抵消年龄结构老化阻碍省际贸易成本下降的不利影响。

表 5-3　长三角三省一市人口规模及其在全国的占比

年份	上海市（万人）	占比（％）	浙江省（万人）	占比（％）	江苏省（万人）	占比（％）	安徽省（万人）	占比（％）	合计占比（％）
2006	1964	1.49	5072	3.86	7656	5.82	6110	4.65	15.83
2007	2064	1.56	5155	3.90	7723	5.85	6118	4.63	15.94
2008	2141	1.61	5212	3.92	7762	5.84	6135	4.62	16.00
2009	2210	1.66	5276	3.95	7810	5.85	6131	4.59	16.06

续表

年份	上海市（万人）	占比（%）	浙江省（万人）	占比（%）	江苏省（万人）	占比（%）	安徽省（万人）	占比（%）	合计占比（%）
2010	2303	1.72	5447	4.06	7869	5.87	5957	4.44	16.09
2011	2356	1.75	5570	4.13	8023	5.95	5972	4.43	16.25
2012	2399	1.76	5685	4.18	8120	5.97	5978	4.40	16.32
2013	2448	1.79	5784	4.23	8192	5.99	5988	4.38	16.39
2014	2467	1.79	5890	4.28	8281	6.01	5997	4.36	16.44
2015	2458	1.78	5985	4.33	8315	6.01	6011	4.35	16.46
2016	2467	1.77	6072	4.36	8381	6.02	6033	4.33	16.49
2017	2466	1.76	6170	4.41	8423	6.02	6057	4.33	16.51
2018	2475	1.76	6273	4.46	8446	6.01	6076	4.32	16.56
2019	2481	1.76	6375	4.52	8469	6.01	6092	4.32	16.61
2020	2488	1.76	6468	4.58	8477	6.00	6105	4.32	16.67

资料来源：根据国家统计局网站公布的数据整理计算而得。

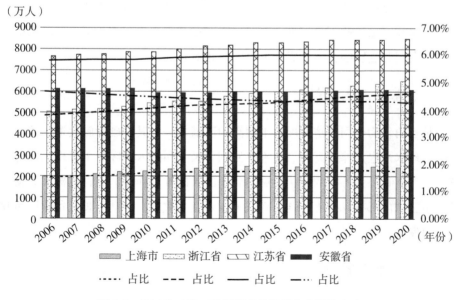

图5-3　长三角三省一市经济总量及其在全国的占比

二、地理因素

从地理距离因素来看，上海到浙江、江苏和安徽三省省会城市的直线距离分别约为162公里、299公里和400公里，安徽省省会城市到江苏和浙江省省会城市的直线距离分别约为150公里、323公里，江苏和浙江两省省会之间的直线距离约为237公里。由此可知，上海与安徽省省会城市之间的距离最远，彼此之间进行贸易的运输成本、时间成本、人工成本等相关费用也会比较高，导致省际贸易成本相对较高。安徽到江苏距离最近，地理距离因素对彼此之间进行贸易的成本影响最小，有利于相互之间的贸易往来，对应的省际贸易成本也相对较低。

长三角三省一市之间是否邻近关系或者共享边界这个因素对贸易成本的影响来说总体差异不大。从地理距离来看，上海与浙江和江苏两省是邻近并存在共享边界，安徽与江苏和浙江之间是邻近关系并存在共享边界，江苏和浙江也是邻近关系并存在共享边界，仅上海和安徽不是邻近关系，也不存在共享边界。这说明安徽与江苏和浙江、江苏与浙江、安徽与浙江和江苏之间联系相对比较紧密、方便，便于彼此之间的贸易往来，贸易成本也会因此相对较低。但是，上海和安徽彼此不是邻近关系，也不存在共享边界，相互交往和联系的紧密程度会因此受影响，贸易成本也会因此相对较高。

三、基础设施因素

长三角作为全国经济发展水平最高的区域之一，其基础设施投资、建设和运营管理水平也是非常高的。这不仅便利了长三角融入国际分工合作，降低外贸成本，对长三角外贸的快速发展起到了巨大的推动作用，而且也极大方便了长三角区域内部省际分工整合，降低了省际贸易成本，驱动了长三角省际贸易的快速发展。

(一) 交通基础设施

一国或地区交通基础设施的投资与建设对降低外贸成本、促进国际贸易发展具有显著的正向效应。同样，经济体某个区域交通基础设施发展水平越高就越可以很好地弱化经济区域内部省际边界效应对省际贸易的阻碍效应，降低省际贸易成本，推动省际分工与合作，增加省际贸易流量（刘生龙和胡鞍钢，2011）。此外，交通基础设施的投资与建设水平的提升还将促使异质性贸易主体用国内市场替代国外市场，即异质性贸易主体会将更多的资源用于国内市场的开拓和维护，用国内贸易替代国外贸易，改变企业的贸易模式，因此也将带动省际贸易的发展（刘晴和邵智，2018）。

根据表5-4显示，截至2019年底，长三角公路总里程为512795公里，公路网密度为143.3公里/百平方公里，人均公路里程为22.6公里/万人，其中高速公路里程为15239公里，高速公路网密度为4.3公里/百平方公里，人均高速公路里程为0.67公里/万人；铁路总里程为11527公里，密度为3.21公里/百平方公里，其中高铁里程为4974.1公里，密度为1.39公里/百平方公里；港口泊位总数为11565个，占全国港口泊位总数的比例高达50.5%，码头货物年通过能力为36.31亿吨，其中万吨级泊位数为963个，码头货物年通过能力为17.13亿吨，全国占比高达38.2%；内河航道通航总里程为41773公里，全国占比高达32.8%，高等级航道总里程为3821公里，全国占比也达到27.7%；机场总数为23个，其中，4F机场为3个，全国占比达到23.1%，机场跑道数为29个，全国占比11.1%。此外，长三角国际枢纽机场、区域枢纽机场等基本配有城市轨道交通、高铁客运站、汽车客运中心等；其中虹桥国际机场集疏运配套最为完善。

可见，长三角三省一市已经投资建设相对完善齐全的交通基础设施，拥有较高的运营管理水平，为长三角积极参与国际分工与合作、深化区域一体化发展提供了有力保障。根据《长三角跨省市交通基础设施快联快通建设实施合作协议（2022—2025）》，未来长三角还将实施20项省际铁路、16项省际高速公路、21项省际普通公路、9项省际航道项目清单，努力打造一体化、多层次的区域综合交通网络，长三角的交通基础设施的完备程度和运营管理效率与水平将进一步提升，省际分工合作将更加便捷，对商品周转加快、贸易效率提升和贸易成本削减的正向促进效应将更加凸显。

表 5-4　2019 年长三角三省一市交通基础设施投资与建设状况

类别	指　　标	单位	规模	同比增长	占全国比例
公路	公路总里程	公里	512795	2.3%	10%
	其中：高速公路	公里	15230	2.9%	10%
	公路人均里程	公里/万人	22.6	2.4%	
铁路	铁路总里程	公里	11527	10.3%	8.3%
	其中：高速铁路	公里	4974	19.8%	14.2%
水运	港口泊位总数	个	11565	−12.1%	50.5%
	其中：万吨级泊位	个	963	7.4%	38.2%
	内河航道通航总里程	公里	41773	−0.1%	32.8%
	其中：高等级航道	公里	3821	3.4%	27.7%
航空	机场总数	个	23	0%	9.7%
	其中：4F 机场	个	3	0%	23.1%
	机场跑道数	个	29	0%	11.1%

资料来源：2020 年长三角交通一体化发展年度报告。

(二) 通信基础设施

完善的通信基础设施可以促使贸易双方进行广泛的信息搜索和有效的信息匹配，便利交易主体的沟通交流、交易磋商及货款结算等，提升合约执行效率，从而降低贸易成本，这对长三角省际贸易发展起到了积极的正向促进效应。

表 5-5　2020 年、2018 年长三角三省一市互联网主要指标发展情况

单位：万个

省/市	域名数	网站数	网页数	IPv4 地址数
上海市	140.69	37.82	2239088.15	1528.5
浙江省	167.50	41.73	3704249.30	2192.8

续表

省/市	域名数	网站数	网页数	IPv4 地址数
江苏省	206.74	28.7	1416309.58	1613.3
安徽省	154.83	8.7	275910.12	559.2
全国	4197.76	523.36	31550109.8	33892.45

注：域名数和网页数为 2020 年的统计数，网站数和 IPv4 地址数为 2018 年统计数。
资料来源：国家统计局网站。

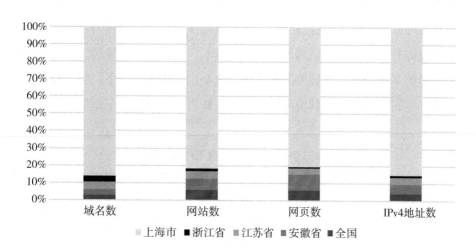

图 5-4 2020 年、2018 年长三角三省一市互联网主要指标全国占比情况

根据表 5-5、图 5-4，长三角地区在通信基础设施建设方面一直在国内处于前列。2020 年，上海、浙江、江苏和安徽的域名数在全国占比分别为 3.35%、3.99%、4.93% 和 3.69%，合计占比达到 15.96%；网页数在全国占比分别为 7.10%、11.74%、4.49% 和 0.87%，合计占比达到 24.20%。2018 年，上海、浙江、江苏和安徽的网站数占全国网站数的比例分别为 7.23%、7.97%、5.48% 和 1.66%，合计占比为 22.35%；上海、浙江、江苏和安徽的 IPv4 地址数在全国的占比分别为 4.51%、6.47%、4.76% 和 1.65%，合计占比为 17.39%。安徽通信基础设施建设水平和发展水平在长三角地区相对较弱，其

他两省一市均处于较高水平，对削减长三角区域内部省际贸易成本、便捷经济交往和推动省际贸易发展具有重要的正向作用。

根据表5-6、图5-5，从互联网用户人数及普及率来看，除安徽相对较低外，长三角其他两省一市的排名也非常靠前，上海在全国排名一直居于第二位，浙江和江苏的排名处在前十的行列。以2016年为例，上海、浙江、江苏和安徽的互联网普及率分别为74.10%、65.60%、56.60%和44.30%，而同期全国的互联网普及率仅53.20%。可见，上海、浙江和江苏的互联网普及率均高于全国的普及率，尤以上海和浙江最为显著。互联网人数的规模庞大、互联网使用普及率高可以极大地方便经济交流、业务交易磋商、款项结算乃至加快货物周转，从而提升经济效率，削减贸易成本，推动内外贸的快速发展。不足之处便是安徽通信基础设施建设和发展水平还处于全国平均水平以下，仍有较大的改善和提升空间，这也正是其贸易成本较其他两省一市高的一个重要原因。

表5-6　长三角三省一市互联网用户人数及普及率

年份	上海市 (万人)	普及率 (%)	浙江省 (万人)	普及率 (%)	江苏省 (万人)	普及率 (%)	安徽省 (万人)	普及率 (%)	全国 (万人)	全国 普及率 (%)
2006	510	28.70	977	19.90	1027	13.70	337	5.50	13700	10.15
2007	830	45.80	1509	30.30	1757	23.30	587	9.60	21000	16.00
2008	1110	59.70	2108	41.70	2084	27.30	723	11.80	29800	22.60
2009	1171	62.00	2452	47.90	2765	36.00	1069	17.40	38409	28.85
2010	1239	64.50	2786	53.80	3306	42.80	1392	22.70	45730	34.15
2011	1525	66.20	3052	56.10	3685	46.80	1585	26.60	51310	38.30
2012	1606	68.40	3221	59.00	3952	50.00	1869	31.30	56400	42.10
2013	1683	70.70	3330	60.80	4095	51.70	2150	35.90	61758	45.80
2014	1716	71.10	3458	62.90	4274	53.80	2225	36.90	64875	47.60
2015	1773	73.10	3596	65.30	4416	55.50	2395	39.40	68824	50.30

续表

年份	上海市（万人）	普及率（%）	浙江省（万人）	普及率（%）	江苏省（万人）	普及率（%）	安徽省（万人）	普及率（%）	全国（万人）	全国普及率（%）
2016	1791	74.10	3632	65.60	4513	56.60	2721	44.30	72826	53.20
2017	—	—	—	—	—	—	—	—	77198	55.80
2018	—	—	—	—	—	—	—	—	82851	59.60
2019	—	—	—	—	—	—	—	—	90359	
2020	—	—	—	—	—	—	—	—	98899	70.40
2021	—	—	—	—	—	—	—	—	103200	73.00

注：2017 年起，《中国信息年鉴》已经不再对各省直辖市的互联网用户人数及普及率进行统计和发布。

资料来源：根据历年《中国信息年鉴》整理而得。

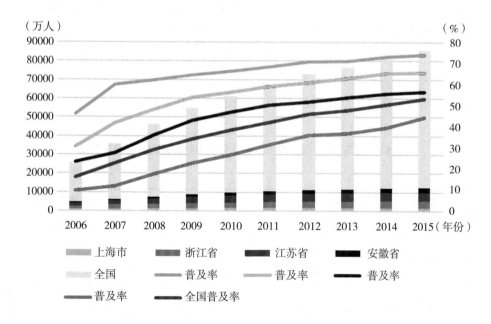

图 5-5　长三角三省一市互联网用户人数及普及率

（三）物流仓储基础设施

仓储物流是指利用自建或租赁库房、场地，储存、保管、装卸搬运、配送货物。现代物流仓储是在经济全球化与供应链一体化背景下的仓储，是现代物流系统中的仓储，仓储行业是流通行业的重要子行业之一，储藏和保管商品就是主要业务形态。从业务形态来看，仓储物流行业可以分成运输、仓储、装卸、搬运、包装、流通加工、配送、信息平台等内容。仓储物流不但可以实现货物的空间位移，保证社会再生产的顺利进行，而且完备的仓储物流设施和高效的仓储物流营运管理还可以保护商品，加快商品周转，降低损耗，节约费用和降低交易成本，甚至改变贸易方式。为此，物流仓储基础设施投资与建设备受各国或地区的重视。长三角作为中国最发达的经济区域之一，物流仓储设施的发展水平也同样在全国处于前列。据表 5-7 显示，截至 2019 年 9 月，上海、浙江、江苏和安徽的仓储物流企业数量分别为 56003 家、40012 家、46305 家和 36897 家，在全国仓储物流企业中占比分别为 6.99%、5.00%、5.78% 和 4.61%，排名均在前十。其中，上海、浙江、江苏和安徽国税 A 级纳税人企业数量分别为 17.44%、8.48%、8.07% 和 4.82%，全国排名分别为第 1、4、5 和 8 名。可以看出，长三角的物流基础设施投资和建设在全国已经处于很高的水平，大大节约了流动环节的费用，提高了经济运行效率，降低了贸易成本，为长三角区域经济的快速发展提供了必要的支撑和保障。

表 5-7　截至 2019 年 9 月长三角三省一市物流仓储基础设施状况

单位：家

省/市	仓储物流企业数量	排名	国税 A 级纳税人企业数量	排名
上海市	56003	3	10177	1
浙江省	40012	6	4950	4
江苏省	46305	4	4710	5
安徽省	36897	8	2181	8
全国	801019	—	58339	—

资料来源：国家企业信用信息公示系统，并由企研数据整理提供。

四、数字经济因素

随着人工智能、大数据等数字技术的发展，数字技术、数字经济已经深入社会生产和生活的方方面面，数字化悄然成为生产、消费和社会治理等的必然趋势。数字经济与传统经济的融合不但为经济注入了新的动能，而且催生众多新业态、新模式，使原先很多不可能提供的产品或服务、使用的运营模式成为可能，提高了经济效率，削减了贸易成本，成为经济发展和创新的新动力。同样，数字经济与传统贸易融合发展也必将促使贸易效率提升、贸易成本下降，塑造贸易新动能和竞争优势，推动贸易发展。

2021 年 4 月，中国信通院发布的《中国数字经济发展白皮书》显示，2020年中国数字经济规模达到 39.2 万亿，占 GDP 的比重为 38.6%。其中，长三角数字经济总量达到 10.83 万亿，占长三角 GDP 总量的 44.26%，远高于全国数字经济 38.6% 的占比。2020 年，江苏、浙江、上海和安徽的数字经济规模均超过 1 万亿元，在全国的排名依次为第 2、4、5 和 13 名。毫无疑问，长三角三省一市数字经济发展水平位居全国前列，对整个社会经济的数字化转型、效率提升具有重要的催化作用和推动作用。未来，随着长三角数字经济规划政策的实施和数字经济水平的进一步提升，社会经济运行效率将更高，更富创新动能，贸易成本也将进一步降低，省际全方位、多层次的价值链分工与合作也将更加深入。

第三节 长三角省际贸易成本影响因素的实证分析

为了更加深入地量化分析和检验长三角区域省际贸易成本变动的内在成因与具体机制，本书将尝试建立一个长三角省际贸易成本影响因素的经济学计量模型，以对长三角省际贸易成本的影响因素进行实证分析。通常，国际贸易成本的影响因素主要涉及贸易主体的经济因素（经济发展水平）、政策因素（区域贸易协定或全球贸易协定等）、国际竞争优势、经济距离等。但是，省际贸易成本的影响因素与国际贸易成本的影响因素则有所不同。为此，在具体模型构建时，本书借鉴许统生等（2013）的做法，重点考虑经济规模、经济距离、基础设施和数字经济等因素。

一、模型设定和变量选择说明

为有效考察长三角省际贸易成本主要影响因素的内在作用机制，本书根据国际贸易引力模型的原理来建立面板数据模型。模型的具体构造如下：

$$\ln \tau_{it} = \beta_0 + \beta_1 \ln gdp_{it} + \beta_2 \ln dis_{it} + \beta_3 \ln sc_{it} + \beta_4 \ln de_{it} + \beta_5 \ln is_{it} + \beta_6 \ln lp_{it} + \varepsilon_{it}$$

$$(5\text{-}1)$$

式（5-1）中，i 表示长三角某省（市），t 代表年份，$\ln\tau$ 为被解释变量，$\ln gdp$、$\ln sc$、$\ln de$ 和 $\ln dis$ 则为解释变量，ε 代表随机误差项。被解释变量与解释变量具体选择说明如下。

1. 贸易成本（τ）

贸易成本作为被解释变量，本书选用基于增加值口径测度的长三角各省/市整体省际贸易成本数据，具体回归时取对数进入回归方程。

2. 经济增长（gdp）

通常而言，贸易国或地区的经济发展水平会对交易主体贸易成本中的搜寻匹配成本、交易磋商和签约成本产生影响。林德（1961）提出的林德理论指出，一国经济发展水平将会影响其消费偏好、消费模式和消费结构，经济发展水平越接近的经济主体，其相互需求强度越大，发生贸易的可能性越高。本部分利用《中国统计年鉴》公布的长三角各省（市）GDP 与人口数据计算而得的人均GDP 差额来表示经济规模因素，并以对数形式进入回归方程。将林德理论推广到一国内贸的发展研究上来，本书认为如果长三角区域内部省际人均 GDP越接近，就越会产生林德效应，可以推断长三角省际需求强度也会越大，发生贸易的可能性就更高，贸易成本因此也会更低。

3. 经济距离（dis）

经济距离主要表示贸易伙伴之间的距离，距离的远近会直接影响贸易运输成本的大小。本部分也借鉴国际贸易中度量经济距离常用的办法，即使用省会城市之间的直线距离来表示经济距离。为此，本部分用长三角各省（市）省会城市直线距离来分析经济距离对贸易成本的影响。具体回归分析时，本节使用长三角省会城市之间直线距离的对数形式进入回归方程。

4. 基础设施(sc)

基础设施主要是指交通基础设施、通信基础设施和物流仓储基础设施等。基础设施的发展程度与运营管理水平对贸易成本有着重要影响。本节将使用长三角各省(市)交通基础设施状况来表示该地区基础设施的发展水平。通常而言，一个地区的交通基础设施越发达和完善，运营管理水平越高，越便于货物的流通和周转，省际贸易成本也会越低。在具体回归分析时，本节用长三角各省(市)的每千平方公里的公路里程数来表示该地区的交通基础设施水平，并取对数值进入回归方程。长三角各省(市)公路里程数据来源于各年份的《长三角交通一体化发展年度报告》。

5. 数字经济(de)

数字经济的发展除了带来数字产业的快速发展外，还通过与传统经济的融合发展促使其他产业数字化转型。数字技术和数字经济极大地提高了生产、运营和流通等环节的效率，有效降低了交易成本，同时也带来了商业模式的转变与创新。这将有效地削减省际贸易成本，促进区域内省际贸易的发展。本节使用长三角各省(市)的数字经济渗透率(使用韩兆安等(2021)测算的数字经济增加值规模占GDP的比重)来表示该地区数字经济发展水平，并以对数形式进入回归方程。

6. 产业结构(is)

产业结构通常是指农业、工业和服务业在一国经济结构中所占的比重，即第一二三产业在一国GDP中所占的比例。不同产业的产品可贸易性往往存在较大差异。通常而言，第二产业产品具有较好的可贸易性，贸易成本也较低。服务业产品的可贸易性较差，贸易成本相对较高。但是，随着科学技术的发展及产业结构向服务业转型，可贸易的服务业产品的范围快速扩大，贸易成本也在逐步下降。本节使用《中国统计年鉴》公布的长三角各省(市)工业增加值占GDP的比重来表示该地区产业结构状况，并以对数形式进入回归方程。

7. 地方保护程度（lp）

出于本地经济发展的考虑，各地方都存在不同程度的地方保护。一个地区保护程度越高就意味着贸易壁垒越高，贸易成本也因此会越高。长三角地区也不例外，各省市也存在不同程度的地方保护。刘瑞明（2012）指出，一个地区对当地的国有企业往往存在不同程度的保护措施或者政策倾斜。这主要是由于国有企业一般规模较大，对解决当地就业、提高地方财政收入等具有重大贡献。鉴于此，本节使用国有控股利润总额占当地规模以上工业企业利润的比例来表示地方保护程度。所使用的国有控股利润总额和规模以上工业企业利润数据均来源于《中国统计年鉴》。

二、回归过程与检验结果分析说明

1. 回归过程

在回归分析前，采用 Hausman 检验确定采用固定效应模型是合适的。针对潜在的异方差问题，回归过程中采用稳健标准误进行控制（Stork 和 Watson，2019）。为更好地分析主要解释变量 lngdp、lndis、lnsc、lnde、lnis、lnlp 对省际贸易成本的不同影响，本节在具体回归检验时使用逐步回归的方式。

2. 回归结果

鉴于不同影响因素对省际贸易成本影响的差异性，本节采用逐步添加经济增长变量 lngdp（模型（1））、经济距离变量 lndis（模型（2））、基础设施变量 lnsc（模型（3））、数字经济变量 lnde（模型（4））、产业结构变量 lnis（模型（5））和地方保护程度变量 lnlp（模型（6））进行回归，逐步回归的具体结果见表5-8。

（1）经济增长变量（lngdp）

在 6 个模型中，经济增长变量 lngdp 的系数仅在数值上存在差异，符号均为负，与理论预期一致，但是均未通过 10% 显著性水平检验。这说明虽然经济增长因素与省际贸易成本呈反向变化，有利于削减贸易成本，但是影响并不显著。

（2）经济距离变量（lndis）

在各个涉及经济距离变量的回归方程中，经济距离变量的系数不仅在不同方程中的数值大小存在差异，而且符号也不一致。这说明经济距离未能对长三角省际贸易成本的影响形成明显差异。这主要是由于长三角区域内部各省（市）之间的经济距离差异不大，因此经济距离因素对三省一市整体省际贸易成本的影响差别也不会显著。

（3）基础设施变量（lnsc）

在涉及基础设施变量出现的几个回归方程中，基础设施变量的系数均为正，与理论预期的符号不一致，反映出基础设施对长三角各省（市）整体省际贸易成本的影响并不大。这说明长三角区域内部交通、通信等基础设施的建设和完善程度虽然处于比较高的水平，但是运营管理水平和对省际贸易发展的促进作用还需要进一步提升。

（4）数字经济变量（lnde）

包含数字经济变量的模型（4）、模型（5）和模型（6）这几个方程中，模型（4）和模型（5）的回归方程里的数字经济变量前的系数为正，与理论预期的符号不一致。但是，在继续引入地方政府保护程度变量的模型（6）所对应的回归方程中，数字经济变量前的系数符号为负号，与理论预期一致，而且通过了5%的显著性水平检验。这说明，数字经济的发展规模、结构和水平对省际贸易成本有着显著影响，能够削减省际贸易成本，很好地促进省际贸易规模和发展水平的提高，推动省际价值链分工和合作的深化。

（5）产业结构变量（lnis）

产业结构变量仅出现在模型（5）和模型（6）所对应的两个回归方程中。两个方程中产业结构变量前的系数不仅均为负，与理论预期的符号相一致，而且均通过1%的显著性检验。这说明产业结构因素对长三角各省（市）省际贸易成本存在显著的影响，可以很好地消除省际贸易障碍，强化区域内部的价值链的分工与合作，削减省际贸易成本，推动长三角区域经济一体化的发展。

（6）地方保护程度变量（lnlp）

模型（6）所对应的回归方程中地方保护程度变量前的系数为0.862，该变量前的正系数与理论预期一致，而且通过了1%的显著性水平检验。这说明地方保护程度对长三角区域内各省市省际贸易成本影响非常显著，地方保护程度越高,贸易壁垒必然也越多,自然也越不利于区域价值链分工与合作的深化发展。为此,长三角要想提升区域一体化发展水平,深化分工合作,必须消除区域内部各省(市)地方割据、各自为政的思想,逐步消除壁垒与障碍,削减省际贸易成本。

表5-8 基准回归结果

变量	模型(1) lnτ	模型(2) lnτ	模型(3) lnτ	模型(4) lnτ	模型(5) lnτ	模型(6) lnτ
lngdp	−0.0360	−0.427	−0.662	−3.197	−4.607	−1.448
	(0.332)	(0.381)	(0.354)	(2.327)	(2.745)	(0.924)
lndis		0.597	0.401*	−0.216**	0.560**	1.420***
		(0.357)	(0.588)	(1.160)	(1.049)	(0.208)
lnsc			0.692*	1.441*	1.069**	1.399***
			(0.349)	(1.071)	(1.191)	(0.150)
lnde				2.876*	3.081*	−1.398**
				(2.841)	(3.134)	(1.047)
lnis					1.876***	1.845***
					(0.262)	(0.138)
lnlp						0.862***
						(0.0971)
Constant	3.435	4.816	5.727*	33.05	53.33	11.57**
	(3.180)	(3.147)	(2.418)	(4.131)	(6.018)	(0.304)
观测值	12	12	12	12	12	12
R^2	0.079	0.080	0.089	0.165	0.198	0.975
省份数量	4	4	4	4	4	4

注:括号内的数值为稳健性标准误,***、**和*分别表示1%、5%和10%的显著性水平。

第四节　本章小结

国际贸易成本的影响因素及其作用机制的相关原理、影响路径及作用结果的研究成果对探讨省际贸易成本的影响因素同样具有很好的借鉴意义。为此，本章在国际贸易成本影响因素及其作用机制分析的基础上，对可能对长三角省际贸易成本及贸易格局产生影响的因素进行分析，并深入而广泛地剖析其影响长三角省际贸易成本的具体机制与可能的作用结果。以此为基础，本章最后又构建了面板数据模型来对长三角各省（市）省际贸易成本的影响因素进行具体的实证检验。本章的主要研究内容如下。

第一，政策因素、经济发展因素、地理因素、语言文化因素、基础设施因素和数字经济因素等是国际贸易成本的重要影响因素，对国际贸易的开展、利益分配及贸易格局具有重要的影响。其中，政策因素主要指全球贸易协定和区域性贸易协定，基础设施因素涵盖交通基础设施、通信基础设施和物流仓储基础设施。

第二，将外贸成本的影响因素及其作用机理拓展到长三角省际贸易成本研究中来，即探讨长三角省际贸易成本的影响因素及其作用机制。长三角省际贸易成本的影响因素主要包括经济规模因素、地理因素、基础设施因素和数字经济因素。其中，经济规模因素包括 GDP 总量、人均 GDP 和人口规模，基础设施因素主要有交通基础设施、通信基础设施和物流仓储基础设施。本章第二节在分析长三角这些因素发展现状的基础上，指出其对长三角省际贸易成本影响的具体作用机制。

第三，构建面板数据模型，对长三角省际贸易成本的主要影响因素进行实证检验。根据回归结果可知，数字经济和产业结构因素对长三角省际贸易成本存在显著的影响，发展数字经济、加强区域内产业分工合作并优化产业结构对省际贸易成本的削减有显著推动作用。虽然经济发展因素也有助于长三角省际贸易成本的下降，但是效果并不明显。地方保护程度不利于长三角省际贸易成本的下降，所以长三角各省（市）政府应加强政策协调合作，降低地方保护程度，推进区域内统一市场的建设，提升一体化发展水平。基础设施和经济距离因素对长三角省际贸易成本的影响并不显著。

第六章 省际贸易成本与长三角协同发展路径

长三角是中国对外开放程度最高、创新能力最强和经济活力最大的区域之一。2021 年，长三角 GDP 总量达到 27.6 万亿，约占全国经济总量的 24.13%。长三角以不到 4% 的国土面积承载了 4 倍于土地面积比重的常住人口，生产了 6 倍于土地面积比重的经济总量。协同发展必将成为长三角重要的立足点，长三角需要探索并形成新的发展格局，以确保长三角一体化国家战略的有效实施。

第一节　长三角区域一体化国家战略的形成过程

2018 年 11 月 5 日，习近平总书记出席首届中国国际进口博览会时宣布，支持长江三角洲区域一体化发展并上升为国家战略。长三角区域一体化国家战略的发布与实施为长三角提供了新的发展契机，必将带来长三角新一轮的大发展。

一、长江三角洲的形成

长江三角洲地理区域通常是指镇江、扬州以东的长江入海之前泥沙冲击形成的平原地带，位于长江下游地区。该区域濒临黄海与东海，沿线港口众多。长三角有着悠久的历史。在长江三角洲形成初期，人类就开始聚集于此从事渔猎和农耕劳作，后经 4—6 世纪东晋、南北朝和 12—13 世纪南宋两次大移民，长江三角洲逐渐发展成为中国著名的"鱼米之乡"和"丝绸之乡"。明清时期，长江三角洲已经形成一定数量的具有一定规模的商业和手工业城市。1843 年"五口通商"开埠以后，当时作为江苏省松江府下属的一个县的上海的地理位置优势得以凸显，逐步发展成为中国重要的商业中心。随后，无锡、南通、杭州、宁波和嘉兴等城市的近代工业开始兴起，长江三角洲逐渐形成工商业城市群。长江三角洲地区的经济中心也从苏州转移到了上海。

二、新中国成立后的华东经济协作区

新中国成立后，全国都在进行国民经济的恢复和建设工作。国家要求全国一盘棋，在充分发挥上海工业基地作用的基础上，加快建立中国独立完整的国民经济体系。为了推进上海与周边省市工农业的协调发展，上海、浙江、江苏、安徽、福建和江西于 1957 年 7 月召开经济工作协调会议，会上指出五省一市应该在国家统一计划的领导下，互援互助，协调发展，以发挥对地方经济发展的重要作用。同时，会议决定成立经济协作委员会，并很快获得了中央的支持。同年 12 月至次年 1 月，毛泽东在杭州先后 4 次召开华东地区负责人会议，支持建立经济协作区域，鼓励省际交流与合作。2 月，中共中央提出的《关于召开地区性的协作会议的决定》指出：上海、江苏、浙江、安徽、福建、山东、江西为华东协作区，以柯庆施为会议召集人。华东经济协作区设立后，由上海市委书记兼任第一书记，因此华东经济协作区实际上是以上海为中心。华东经济协作区开展了生产、运输、文化等多领域的大合作，实现了资源、技术和物资等方面的互助合作。

三、改革开放初期的长三角经济协作区

改革开放带领新中国踏上了经济快速发展的新征程，也触发了关于上海在全国经济发展中的定位与作用的战略思考。1980 年，来自上海科学研究所、华东师范大学和《文汇报》的 5 位同志组成团队，对关于设立以上海为中心的长江三角洲经济区的课题展开研究，形成了一系列的重要成果，获得中共中央的关注。1982 年 12 月，五届全国人大五次会议通过的《关于第六个五年计划的报告》正式提出编制长江三角洲经济区规划，而后国务院正式发布《关于成立上海经济区和山西能源基地规划办公室的通知》。由于没有将南京纳入其中，所以名称使用的是上海经济区。上海经济区是改革开放后新中国设立的第一个区际经济区，希望通过上海经济区的实践，打造出一个以大城市为中心和依托的发散式网络型经济区域，充分解放生产力，探索出一条依靠区域中心大城市来发展经济的新路子。

上海经济区起初仅包括江苏省的苏州、无锡、常州和南通以及浙江省的杭州、嘉兴、湖州、宁波和绍兴等 10 个城市。1984 年 12 月，上海经济区又将安徽、江西和福建三省纳入，使经济区域扩展到除山东省以外的整个华东地区。随后在制定的发展规划中指出，在上海经济区内开展区域内的专业化分工与合作，以实现区域经济更好地发展，一体化发展设想也因此被首次提及。但是，受制于当时计划经济体制的缺陷、江苏和浙江经济快速发展以及以地方为中心思想的束缚，上海的中心地位微乎其微。上海经济区未能打破经济区与行政区

之间利益矛盾，未能探索出区域经济互助合作、协调发展的有效模式。上海经济区最终以 1988 年国家计委宣布撤销上海经济区规划办公室而正式退出历史舞台。

四、浦东开发开放后的长江三角洲经济协作区

虽然上海经济区未能达到理想的发展效果而退出了历史舞台，但是长江三角洲区域经济合作与互助协调发展的问题始终是学界和业界关注的话题。1990 年，江泽民在看到民盟社会学家费孝通以对长江三角洲地区的调研为基础撰写并提交的《关于建立长江三角洲经济开发区的提案》后，专门通知费孝通和民盟负责同志展开关于长江三角洲开发问题的讨论。后来，中共中央、国务院宣布开发开放浦东，费孝通结合实地调研分析了浦东开发开放和长江三角洲区域经济合作发展之间的关系，指出上海可以成为江苏、浙江以及沿江城市商品的总调度室或总服务站。

1991 年邓小平视察上海时也明确指出："开发浦东，这个影响就大了，不只是浦东的问题，是关系上海发展的问题，是利用上海这个基地发展长江三角洲和长江流域的问题。"①1992 年 6 月，国务院在专门召开长江三角洲及沿江经济规划座谈会之后，重新对长江三角洲地区涵盖的区域范围进行界定，指出上海、南京、镇江、扬州、苏州、无锡、常州、南通、杭州、嘉兴、湖州、宁波、绍兴、舟山等 14 个市及其所辖的 74 个县(市)均属于长江三角洲区域。座谈会上，江泽民指出以开发开放浦东带动长江三角洲地区开发开放、经济区域合作和协调发展，是我国推动区域经济布局和发展、扩大对外开放格局的一个重要战略决策。党的十四大报告正式提出"以上海浦东开发开放为龙头，进一步开放长江沿岸城市，尽快把上海建成国际经济、金融、贸易中心之一，带动长江三角洲和整个长江流域地区经济的新飞跃"。长江三角洲地区区域经济互助合作、协调发展大幕就此正式拉开。

---

① 《人民日报》(2014 年 8 月 29 日 07 版)。

五、21世纪初期的长三角一体化发展

2004年7月，胡锦涛视察上海时指出上海应大力服务长三角流域经济发展，11月国家发展改革委正式将长江三角洲区域规划纳入国家"十一五"规划。2007年5月，国务院总理温家宝在上海召开的长江三角洲地区经济社会发展座谈会上着重强调长江三角洲地区应该在更高的起点上谋划区域发展，视野要宽、思路要更新、起点要高、看得更远和想得更深。随后，习近平调任上海市委书记，在上海市第九次党代会报告中指出，必须重视中央对上海发展的战略定位，努力推进国家区域发展总体战略部署，充分发挥上海作为中心城市的综合服务功能，加快推动长江三角洲地区的联动发展，为长江三角洲地区乃至全国做好服务工作。

2007年10月，党的十七大指出要遵循市场经济发展规律，排除困难，突破行政区界的限制和影响，努力形成若干增长动力强、分工合作联系紧密的区域经济圈和经济带，促进区域经济协调发展。同年12月，在以"提升长三角地区整体国际竞争力"为主题的国际研讨会上，原上海市委书记俞正声指出，上海作为长三角区域的中心城市，其在推动长三角地区协调发展、提升区域整体国际竞争力中肩负着重大责任。会上，上海、浙江和江苏一致同意打破市场分割和壁垒，加强产业分工合作，全力推动长三角区域全方位、多层次和高水平协调发展。

2008年爆发的金融危机对以外向型经济为主的长三角区域造成了巨大冲击，促使长三角区域开始考虑发展新动力和可持续发展的问题。2008年12月，宁波召开的长三角地区主要领导人座谈会通过了《长三角地区贯彻国务院〈指导意见〉共同推进若干重要事项的意见》，促使长三角地区在扩大内需、自主创新、经济转型升级以及建设统一开放的市场体系以实现一体化发展方面达成了共识。2010年，国务院先后印发的《全国主体功能区规划》《长江三角洲地区区域规划》正式对长三角地区发展空间布局进行了规划。

六、党的十八大以来长三角区域一体化国家战略

党的十八大以来，长三角依据习近平总书记提出的新发展理念，对区域经济发展进行了重新定位和思考，提出要打破地方行政壁垒，坚持创新、协调、绿色、开放和共享的发展理念，努力实现真正的一体化发展。2016年，国家发布的《长江三角洲城市群发展规划》指出把长三角城市群建设成为在国际上具有显著影响力的城市群。2018年，长三角区域合作办公室正式组建，办公地点设在上海，并发布《长三角地区一体化发展三年行动计划（2018—2020年）》，标志着长三角区域步入高质量一体化的发展新阶段。

2018年11月5日，习近平总书记出席首届中国国际进口博览会时宣布，支持长江三角洲区域一体化发展并上升为国家战略，着力落实新发展理念，构建现代化经济体系，推进对外开放的纵深发展，完善中国改革开放空间布局。安徽在2019年被纳入长三角区域，自此长三角地区的范围扩展至江苏、浙江、安徽和上海三省一市。2019年，长三角一体化战略被正式写入《政府工作报告》。同年，中共中央、国务院也正式印发了《长江三角洲一体化发展规划纲要》，指出长三角一体化发展瞄准"一极三区一高地"的战略定位，具体战略实现分两步走，即到2025年，长三角在跨界区域、城市乡村等领域一体化发展达到较高水平，科创产业、基础设施、生态环境和公共服务领域基本实现一体化，完成长三角一体化战略的第一步；长三角一体化战略目标的第二步是，到2035年，长三角一体化发展处于较高水平，位于全国的领先地位，长三角地区成为最具影响力和活力的增长极。2020年8月20日，习近平总书记主持召开扎实推进长三角一体化发展座谈会并发表重要讲话，明确指出要"率先形成新发展格局，勇当我国科技和产业创新的开路先锋，加快打造改革开放新高地"，这是对长三角一体化发展提出的更高要求。2021年发布的《中华人民共和国国民经济和社会发展第十四个五年规划和2035年远景目标纲要》再次重申长三角是加快打造引领高质量发展的第一梯队，瞄准国际先进科创能力和产业体系，加快长三角G60科创走廊和沿沪宁产业创新带建设，提高长三角的全球资源配置能力和对全国的辐射带动能力，努力提升长三角一体化发展水平。

第二节　长三角一体化发展水平

长三角一体化发展已经不仅是长三角区域经济发展的问题，而且关系着整个国家战略的实施和未来经济发展高度的问题。为此，本节将在现有区域经济一体化研究成果的基础上构建度量指标，测度长三角一体化发展水平及其变动趋势，为实现长三角水平一体化的协调发展提供数据支撑。

一、经济一体化的相关研究

二战结束后，各国为了实现经济快速恢复与发展，纷纷寻求经济发展之路，西方部分发达国家开始尝试区域之间的分工与合作，从最初的商品生产分工与交换到后来更进一步的区域内要素自由流动，这些构成了区域经济一体化的最初形式。随着区域经济一体化的快速发展及其对战后经济恢复的重要促进作用，20 世纪 50 年代成为区域经济一体化发展的第一次高潮，为此吸引了大量学者的广泛关注。

(一) 区域经济一体化理论的产生

Tinbergen(1954)最先提出"经济一体化"这个概念，指出经济一体化存在消极和积极两种形式，前者强调运用强制的政策措施建立相对自由化的政策和制度，后者则是指通过引入消除歧视和管制措施以实现经济变量自由化。Balassa(1961)对 Tinbergen 提出的经济一体化定义进行拓展，认为经济一体化是兼具过程和状态两种属性，经济一体化内部各成员之间商品和要素应该可以不受任何限制地自由流动。

(二) 区域经济一体化的主要形态

区域经济一体化比较初级和早期的形式是 Jacob Viner(1950)提出的关税同盟，组建关税同盟的成员之间完全取消商品关税，但是对非成员仍设置统一的关税壁垒。随着区域经济一体化的快速发展，仅限于商品自由流动的关税同盟形式已经很难满足成员之间更加深入的区域分工与合作的需要，学界和业界开始尝试探索更高层次的区域经济一体化研究与实践。斯巴克（1956）依据规模经济理论提出高于关税同盟的共同市场这一区域经济一体化形式，共同市场不但要求成员之间实现产品自由贸易的商品市场一体化，还强调取缔要素在成员之间自由流动的障碍，实现要素市场一体化。在此基础上，Scitovsky 和 Deniau（1959）从动态视角分析了发展共同市场理论，并据此提出大市场理论，指出大市场的建立不但可以利用规模经济获得经济利益，还可以利用市场扩大所带来的竞争机制，确保规模经济收益的实现。

早期的贸易一体化的关税同盟及后来的要素一体化的共同市场均认为比较优势是成员之间分工与合作的重要基础。但是日本经济学家小岛清（Kiyoshi Kojima）则认为，根据先天要素禀赋获得比较优势开展区域分工与合作，具有要素禀赋优势的成员会出现相关行业企业集聚、规模快速扩张并形成垄断，长此以往对区域分工与贸易产生不利影响，最终会阻碍区域一体化进程的发展。为此，小岛清提出协议性国际分工，指出区域一体化成员需要通过协议安排对彼此之间的分工与合作进行协调，即成员之间按照比较优势原则进行市场协调，互相向对方让渡本国某种产品的市场，以保证彼此都能降低生产成本以获得规模经济优势。这种通过协议性安排来进行分工与合作，可以保证具有相似要素禀赋和比较优势的成员之间避免因分工后形成规模经济优势而产生利益冲突。

随着区域经济一体化的深入发展，成员之间的分工与合作更加广泛，涉及的领域也越来越多，成员之间需要更高层次的协调和安排，区域一体化便从贸易一体化阶段、要素一体化阶段开始迈向政策一体化阶段，即经济联盟。经济联盟各成员除了商品和生产要素能够自由流动，并对外设置统一的关税壁垒外，还要求各成员制定和实施统一的包括财政政策、货币金融政策和社会政策等政策措施，逐步消除政策方面的差异，以协调成员之间的经济发展。可见，经济联盟形式已经将区域经济一体化发展到政策一体化阶段，成员之间的分工与合作进一步加强，行政区划的影响逐步削减，各成员的政策甚至也开始协调一致。

经济联盟进一步发展，各成员在商品、要素和政策方面都全面一体化后，就可以向区域经济一体化的最高阶段迈进，即完全经济一体化。在完全经济一体化阶段，各成员真正成为一个统一的经济体，各成员实行统一的财政和货币政策，甚至设立一个超国家的组织，由此替代各成员政府的全部权力。当然，这是区域经济一体化的最高形态，也是比较理想的阶段，但是其实现还是困难重重，或许需要很长的一段时间。

(三)区域经济一体化在主权国家内部的应用和发展

上述对于区域经济统一化的研究与实践主要是指国际经济领域国家之间的区域经济分工与合作问题，属于国际区域经济统一化的范畴。国际区域经济一体化的相关研究与实践对主权国内部区域经济的一体化发展也具有重要的指导和借鉴意义，尤其对存在区域不平衡发展现象的发展中国家来说，借鉴意义更加重大。中国长期以来一直存在二元经济现象，区域经济发展水平差距大，存在严重的地区经济发展不平衡现象。为此，国内部分学者将国际经济区域一体化的相关研究成果与实践经验应用到中国国内部分地区区域一体化发展的研究中，奠定了中国国内区域一体化的理论研究基础。

孙大斌(2003)从市场的视角指出，与国际区域经济一体化不同，经济体内部的区域经济一体化是彼此邻近的省份、省内各城市间为谋求经济发展而实行的不同程度的经济合作或者联合，以形成一个不受制于边界限制的商品、要素等自由流动的区域大市场。经济主体内部不同区域之间实行一体化，可以优势互补，实行合理的产业分工与合作，优化资源配置，提高经济效益，为经济发展注入动力。张佑林(2004)从分工与合作的视角指出主权国家内部的区域经济一体化是经济体内部通过整合资源、统一布局和协调政策建立调节机制、激励机制和约束机制等，以保证区域内部发挥自身优势、合理安排产业布局与分工，确保区域内部各省或城市的利益，增强整体竞争优势，实现可持续发展。孟庆民(2001)从分工与合作利益来源的视角阐述了经济体内部不同空间的省或市为了经济利益所实施的商品、要素乃至政策一体化的过程。

国际区域经济一体化的相关理论与实践已经对经济体内部区域一体化产生

了重要的影响，并在具体的实践中得以广泛的运用。市场机制、政策机制和利益补偿机制等也成为决定经济体内部区域经济一体化发展的重因素，构建合理的区域分工与合作的市场体系是内部区域经济一体化的重要内容，共赢的利益机制是内部区域经济一体化的重要动力，政策协调机制则成为内部区域一体化得以有效推进的重要保障。长三角等中国内部区域经济一体化的发展也是国际区域经济一体化理论与实践模式在中国内部区域经济一体化发展过程中的理论指导与实践借鉴。

二、长三角一体化发展水平度量指标构建

（一）关于长三角一体化发展水平指标体系构建的相关研究

近年来，众多国内学者开始关注长三角一体化发展水平综合指标体系的构建及具体测度的研究，具体可以分为构建单一指标的水平测度和综合指标体系的评价指数测度两大类。早期的研究成果主要集中于借鉴 Parsley 等（2001）采用相对价格方差进行一体化水平的测度方法，如使用区域一体化理论与实际产出分布之间的差距测度长三角一体化发展水平（千慧雄，2010），或者利用价格类指数直接测算长三角一体化发展水平（韦倩等，2014；刘瑞翔，2019）。早期的单一指标的水平测度主要从某个方面来直接度量市场一体化发展水平，不仅存在测度结果不够全面客观的问题，而且测度结果也会因指标选择的不同存在很大的差异。因此，最新的研究主要是通过构建综合指标体系计算出来的指数来对长三角一体化水平进行综合评价。顾海兵等（2017）基于内外动力两个维度来建立指标体系对长三角一体化水平进行测度。李世奇等（2017）参考欧盟一体化指标体系的构建方法，从市场、要素、发展和制度四个维度选取21个指标构建一体化水平指标体系来测度长三角一体化的发展水平。卢新海等（2019）从经济一体化、社会一体化、空间一体化和制度一体化四个维度来评价长江经济带一体化水平。孙红梅等（2020）采用熵值法构建长三角城市群一体化协同发展水平评价体系，并据此测度了2010—2017年长三角城市群一体化水平。周五七（2022）则从基础设施、科技创新、经济发展、社会发展以

及生态文明五个维度构建综合指标体系对长三角一体化发展水平进行评价。虽然这些研究中综合指标体系的构建存在差异，但是研究结果均指出长三角一体化整体发展水平呈逐步上升趋势，同时存在显著的地域差异。

(二) 长三角一体化发展水平度量指标构建说明

上述关于长三角一体化发展水平综合指标体系构建的研究成果在构建指标体系时均重点关注市场、要素以及制度政策等因素，说明市场、要素和制度是度量长三角一体化水平的重要维度。但是，这些研究成果普遍未能充分考虑市场一体化中的价格机制和要素配置、基础设施一体化中的数字基础设施、经济社会一体化中的数字经济发展水平和环境保护等因素。为此，本书将在已有成果的基础上，以大市场理论为基础并参考 Jorg Konig 和 Renate Ohr(2013)编制欧盟一体化指数框架时的做法，引入价格机制、要素配置、数字基础设施、数字经济发展、环境治理等细分指标，努力尝试构建更加全面、贴近实际的长三角一体化发展水平综合指标体系。

具体构建时，本书将长三角一体化发展水平综合指标体系分为 4 个一级指标体系和 20 个二级指标。其中，4 个一级指标体系分别为统一市场、政府协同、基础设施和经济社会，统一市场包含的 5 个二级指标分别为商品价格、劳动力价格、投资回报率、要素配置和产业增加值，政府协同包含的 5 个二级指标分别为知识产权保护、公共服务共享、最低工资标准、劳动保护和教育服务，基础设施包含的 4 个二级指标分别为交通一体化、数字基础设施、医疗服务和客运水平，经济社会包含的 6 个二级指标分别为经济增长、数字化水平、社会失业、绿化水平、生产能耗、环境治理，具体指标体系见表6-1。

统一市场是长三角一体化的基础，是保证商品和要素能够在区域内自由流动的必要支撑。长三角只有建立完善的区域内部统一市场，保证各种资源得到合理配置，才能实现高质量的一体化发展。政府协同是长三角一体化高质量发展的政策制度保障，长三角三省一市的政府只有进行政策协调和公共服务互享，才能有效避免地方保护、各自为政的现象，实现高水平一体化发展。完善的基础设施是长三角一体化发展的硬件保障，确保商品和要素在区域内能够低成本快速地自由流动，实现资源的优化配置。经济社会一体化是长三角一体化综合优势的具体表现，体现出一体化发展带来的经济效率、创新能力、环境保护和社会福利水平等方面的提升。

表 6-1　长三角一体化发展水平测度指标体系

序号	目标指数	一级指标	二级指标	测度说明	作用方向
1	长三角一体化水平指数	统一市场	商品价格	城镇居民消费价格指数	正向
2			劳动力价格	职工平均工资水平(元/月)	正向
3			投资回报率	资本要素投资回报率(%)	正向
4			要素配置	全要素生产率(TFP)	正向
5			产业增加值	二、三产业增加值/地区 GDP(%)	正向
6		政府协同	知识产权保护	人均专利申请授权数(件/万人)	正向
7			公共服务共享	省际已实现公共服务合作领域数(项)	正向
8			最低工资标准	最低工资标准(元/月)	正向
9			劳动保护	已解决劳动争端数量占全部劳动争端数量的比重(%)	正向
10			教育服务	教育支出占财政支出的比重(%)	正向
11		基础设施	交通一体化	人均道路里程(公里/人)	正向
12			数字基础设施	网络覆盖程度(%)	正向
13			医疗保障	每万人拥有医院公共床位数(张/万人)	正向
14			客运水平	人均出行里程数(公里/人)	正向
15		经济社会	经济发展	人均 GDP(元/人)	正向
16			数字化水平	数字经济增加值/地区 GDP(%)	正向
17			社会失业	城镇登记失业率(%)	反向
18			绿化水平	绿化覆盖率(%)	正向
19			生产能耗	万元 GDP 能耗(千瓦时/万元)	反向
20			环境治理	环境污染治理投资/地区 GDP(%)	正向

(三) 测度方法说明

在指标体系构建完成后，需要采用合适的方法来对指标体系中的各个指标进行具体测度，对此学者们采用的方法也各不相同。姜国麟等(1996)开创了专家咨询约束下的主成分评价方法，该方法能够通过对主观和客观进行综合加权平均，最大限度地将相关知识与样本信息特征综合起来以获得最优权重。李世奇等(2017)借鉴该办法对长三角一体化发展水平进行了实际测度。李雪松等(2017)利用相对价格方差法来测度区域经济一体化水平的具体指标，韦倩等(2014)和黄文等(2019)则选用一价法来测度经济一体化发展水平。鉴于本书构建的长三角一体化水平指标体系属于综合指数，为此接下来将借鉴孙红梅等(2020)的做法，通过使用熵值法来具体测算长三角一体化水平的综合指数。具体计算处理过程如下。

第一步，根据指标正反两个作用方向，对指标采用数据无量纲化处理方法中的极值化法进行处理，即用变量与该变量的最小值之差除以变量值的全距。同时，为避免指标值出现 0 的情况，标准化处理数据后统一加 1。例如，对变量 X 而言，无量纲化处理的极值化处理公式为 $X'_{ij} = \dfrac{X_{ij} - \text{Min}(X_{ij})}{\text{Max}(X_{ij}) - \text{Min}(X_{ij})} + 1$（正向指标）或 $X'_{ij} = \dfrac{\text{Max}(X_{ij}) - X_{ij}}{\text{Max}(X_{ij}) - \text{Min}(X_{ij})} + 1$（反向指标）。其中，下标 i 表示 i 省(市)，X'_{ij} 表示 i 省第 j 个指标经过无量纲化处理的标准化数值，X_{ij} 则表示 i 省(市) 第 j 个指标的真实数值，Min 和 Max 分别表示取最小值和最大值。

第二步，确定各指标项下各省标准化数值的比重，为此进行同度量化处理，具体处理公式为 $Q_{ij} = \dfrac{X'_{ij}}{\sum\limits_{i}^{m} X'_{ij}}$。式中，$Q_{ij}$ 为 i 省(市) 第 j 项指标的比重，m 为省(市) 样本数。

第三步，计算各分项指标的熵值，记为 P_j，表示各省(市) 对每项指标的贡献值。各指标的熵值计算公式为 $P_j = -k \sum\limits_{i}^{m} P_{ij} \ln P_{ij}$，式中 $k = \dfrac{1}{\ln m}$。可知，$0 \leqslant P_j \leqslant 1$。

第四步，计算各项指标的差异性系数，记为 F_j。各指标的差异性系数计算公式为 $F_j = 1 - P_j$。

第五步，确定各项指标的权重，记为 W_j。各项指标权重的计算公式为 $W_j = \dfrac{F_j}{\sum\limits_{j}^{n} F_j}$。

第六步，根据构建的指标体系及确定的权重计算长三角一体化发展水平，记为 U。长三角一体化发展水平的具体计算公式为 $U = \sum\limits_{j}^{n} W_j \times X'_{ij}$，得出的数值可以反映长三角一体化综合发展水平。

三、长三角一体化发展水平现状及其变动趋势

（一）长三角整体一体化发展水平

依据上述构建的指标体系和熵值法的测算方法，使用长三角三省一市1999—2020年的相关统计数据，计算出长三角整体一体化发展水平，具体见表6-2。

根据本书所构建的长三角一体化发展水平测度的指标体系，使用长三角各省（市）1999—2020年的相关统计数据，并运用熵值法的测度方法计算出长三角整体一体化发展水平的综合得分，具体结果见表6-2和图6-1。从一体化发展的绝对水平来看，1999—2020年，虽然长三角整体一体化发展水平存在一定幅度的波动，但是总体呈现稳步提高的趋势。1999年长三角整体一体化发展水平的综合得分仅有0.3021，经过20余年的整合发展，一体化发展水平综合得分最高达到了2019年的0.5618。受到疫情影响，与2019年相比，2020年长三角整体一体化发展水平的综合得分略有下降，为0.5613。可以看出，1999—2020年长三角一体化发展水平在绝对数值上提高了近1倍。

表 6-2　长三角整体一体化发展水平及变动情况

年份	水平	变动率（%）	年份	水平	变动率（%）
1999	0.3021	—	2010	0.4078	16.29
2000	0.2883	−4.54	2011	0.4586	12.44
2001	0.2837	−1.61	2012	0.4740	3.36
2002	0.2480	−12.57	2013	0.4601	−2.94
2003	0.2662	7.32	2014	0.4573	−0.60
2004	0.3138	17.87	2015	0.4650	1.70
2005	0.3186	1.55	2016	0.4929	5.98
2006	0.3231	1.40	2017	0.5212	5.75
2007	0.3586	11.00	2018	0.5484	5.21
2008	0.3745	4.43	2019	0.5618	2.45
2009	0.3507	−6.36	2020	0.5613	−0.08

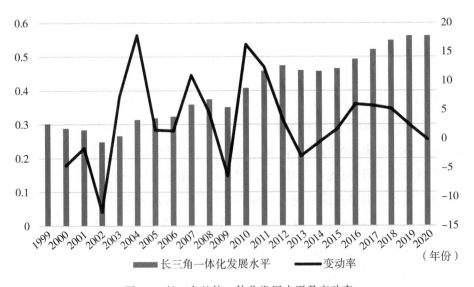

图 6-1　长三角整体一体化发展水平及变动率

　　从变动率来看，1999—2000 年长三角整体一体化发展水平的同比变动率波动较大。变动率较高的年份分别为 2004 年、2007 年、2010 年和 2011 年，一体化发展水平的变动率依次为 17.87%、11.00%、16.26% 和 12.44%，保持了两位数的增长。当然，也存在 2002 年这样的个别年份，与 2001 年相比长三角整体一体化发展水平竟然下降了 12.57%。这五个年度，长三角整体一体化发展水平的变动率相对较大，均为两位数。虽然长三角整体一体化发展水平综合得分的变动率波动较大，但多为正值，变动率为负的仅有 6 个年份，而且多数数值不大。这也再次说明长三角整体一体化发展水平总体呈逐年稳步提升的趋势。

　　(二)长三角省(市)级层面一体化发展水平

　　为了能够更加深入地了解长三角地区一体化发展水平的内部结构状况，本书还对长三角省(市)级层面一体化发展水平进行测度，以便掌握长三角一体化发展的地区结构特征及各省(市)在长三角区域一体化发展中的地位和影响。

表 6-3　长三角省(市)级层面一体化发展水平

年份	上海	浙江	江苏	安徽
1999	0.3433	0.3179	0.3210	0.1731
2000	0.3201	0.3040	0.2986	0.1816
2001	0.3167	0.2967	0.2878	0.1840
2002	0.2927	0.2337	0.2681	0.1695
2003	0.3045	0.2534	0.2899	0.1916
2004	0.3442	0.3174	0.3323	0.2349
2005	0.3551	0.3341	0.3383	0.2238
2006	0.3559	0.3335	0.3445	0.2461
2007	0.3944	0.3770	0.3773	0.2757
2008	0.3856	0.4134	0.3713	0.3125
2009	0.4141	0.3604	0.3579	0.2672

年份	上海	浙江	江苏	安徽
2010	0.4302	0.4365	0.4234	0.3390
2011	0.4807	0.4647	0.4720	0.4118
2012	0.4845	0.4930	0.4934	0.4209
2013	0.4670	0.4706	0.4732	0.4167
2014	0.4763	0.4558	0.4767	0.4097
2015	0.4861	0.4748	0.4844	0.4055
2016	0.5167	0.5059	0.5035	0.4363
2017	0.5391	0.5461	0.5368	0.4566
2018	0.5786	0.5656	0.5621	0.4832
2019	0.6036	0.5779	0.5591	0.5034
2020	0.6054	0.5571	0.5609	0.5164

根据表6-3和图6-2可知，从长三角内部省(市)级层面的一体化发展水平来看，各省(市)的一体化发展水平总体与长三角整体一体化发展水平保持了相同的趋势，仅在少数年度一体化发展水平出现一定程度的下降，总体仍然呈现相对平稳的上升趋势。上海的一体化发展水平总体从1999年0.3433上升到2020年的0.6054，仅在2002年、2008年和2013年3个年度出现了一定程度的回落。江苏的一体化发展水平总体从1999年的0.3210提升到2020年的0.5609，却在2000年、2001年、2002年、2008年、2009年、2013年和2019年出现了一定程度的下降。浙江的一体化发展水平总体从1999年的0.3179上升到2020年的0.5571，却在2000年、2001年、2002年、2003年、2006年、2009年、2013年、2014年和2020年出现了不同程度的下降，出现下降的年份相对较多。安徽的一体化发展水平总体从1999年的0.1731提升到2020年的0.5164，也仅在2002年、2005年、2009年、2013年2014年和2015年出现一定程度的下降。与上海、江苏和浙江相比，虽然安徽的一体化发展绝对水平较低，但是考察期上升幅度最大，达到0.3433。

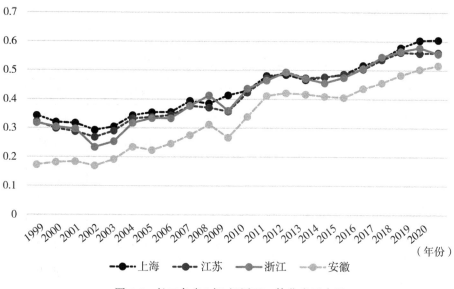

图 6-2 长三角省(市)级层面一体化发展水平

比较三省一市各自的一体化发展水平可知,长三角各省(市)的一体化发展水平存在较为显著的异质性。上海、江苏和浙江三个地区的一体化发展水平比较接近,基本处于同一层次,安徽的一体化发展水平明显低于前两省一市,处于较低层次。对于处于同一层次的上海、江苏和浙江来说,除个别年份上海的一体化发展水平低于江苏或者浙江以外,绝大多数年份上海的一体化发展水平总体还是略高于江苏和浙江两省。安徽一体化的发展水平处于较低水平,但是上升最快,幅度最大。随着时间的推移,安徽一体化发展水平与上海、江苏和浙江一体化发展水平之间的差距已经显著缩小。1999 年,安徽与上海、安徽与江苏、安徽与浙江之间一体化发展水平的差距分别为 0.1702、0.1479、0.1448。2020 年,这一差距显著缩小,分别为 0.089、0.0445、0.0407。

(三)长三角子系统层面一体化发展水平

同样,为了更加清晰地了解长三角地区一体化发展水平的状况,除了分析一体化发展水平的内部地区结构特征外,还要进一步测算长三角一体化发展水平指标体系的四个子系统一体化发展水平，以便探讨和分析长三角一体化发展水平的内部系统特征及变动情况。

表 6-4 长三角子系统层面一体发展水平

年份	统一市场	政府协同	基础设施	经济社会
1999	0.4159	0.2366	0.1012	0.3617
2000	0.3792	0.2269	0.1079	0.3503
2001	0.2846	0.2418	0.1353	0.3836
2002	0.2540	0.2434	0.1435	0.2832
2003	0.3345	0.2413	0.1502	0.2735
2004	0.4835	0.2453	0.1679	0.2921
2005	0.4788	0.2392	0.1917	0.3017
2006	0.4513	0.2463	0.2424	0.3000
2007	0.4605	0.3091	0.2848	0.3302
2008	0.4503	0.2861	0.3155	0.3908
2009	0.3126	0.3441	0.3425	0.3604
2010	0.4877	0.3577	0.3675	0.3761
2011	0.5808	0.4039	0.3921	0.4124
2012	0.5166	0.4638	0.4268	0.4446
2013	0.4573	0.4546	0.4065	0.4691
2014	0.4148	0.4517	0.4286	0.4833
2015	0.3950	0.4804	0.4431	0.4922
2016	0.4657	0.4931	0.4589	0.5047
2017	0.5371	0.5079	0.4823	0.5115
2018	0.5758	0.5509	0.5029	0.5199
2019	0.5439	0.5856	0.5301	0.5445
2020	0.4825	0.6936	0.4990	0.5246

根据表6-4和图6-3，长三角政府协同、基础设施和经济社会四个子系统一体化发展水平的总体趋势与长三角整体一体化发展水平的总体趋势基本相同，均是稳步上升，仅统一市场子系统一体化发展水平与长三角整体一体化发展水平存在细微的差异。1999—2020年，长三角统一市场子系统的一体化发展水平虽然总体有小幅上升，从1999年的0.4159上升到2020年的0.4825，但是整个期间出现了四次大幅波动，最近一次出现在2019年。2020年可能受到疫情的影响，统一市场子系统的一体化发展水平出现大幅下降，从2019年的0.5439下降到2020的0.4825，绝对水平下降了0.0614，仅次于2012年0.0642的下降水平。

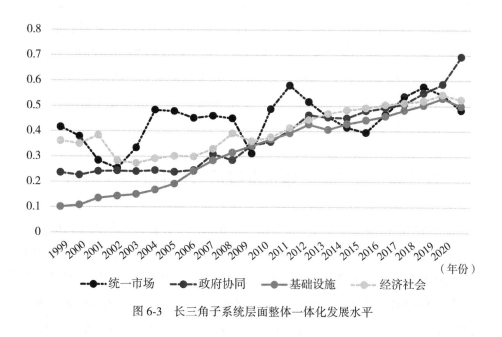

图6-3　长三角子系统层面整体一体化发展水平

比较四个子系统的一体化发展水平可以看出，四个子系统的一体化发展也存在显著的差异。早期，统一市场和经济社会两个子系统的一体化发展水平处于一个层次，政府协同子系统的一体化发展水平处于中等层次，而基础设施子系统的一体化发展水平则处于最低的层次。这说明21世纪初期长三角的基础设施相对落后，没有获得较好的建设和发展，制约了早期长三角一体化发展水平的提升。但是，考察期的中后期长三角四个子系统的一体化发展水平的差距大幅缩小，随着对基础设施建设的重视，基础设施子系统的一体化发展水平快速提高，2007 年前后就基本与政府协同和经济社会两个子系统的一体化水平相差无几，后期三个子系统基本处于同一水平层次并按照近乎相同的趋势稳步上升，仅在 2018 年末和 2019 年初出现了截然不同波动。2018 年末长三角区域一体化升级为国家战略后，长三角三省一市的政府都非常重视，陆续出台了一系列的政策以推动长三角一体化发展，促使政府协同子系统一体化发展水平快速提高，从 2018 年的 0.5509 上升到 2020 年的 0.6936。但是同属于一个层次的基础设施和经济社会两个子系统因受到经济增速放缓和复杂外部经济环境的影响，在 2018 年后均出现了一定幅度的回落。统一市场子系统的一体化发展水平则出现了与政府协同、基础设施和经济社会三个子系统一体化发展水平截然不同的趋势。统一市场子系统的一体化发展水平存在四次大幅波动，而且波动幅度远大于其他三个子系统的一体化水平的波动幅度。而且统一市场在 1999 年的一体化发展水平属于最高的一个子系统，到 2020 年却下降为一体化水平最低的一个子系统。

第三节　长三角一体化发展动力机制的实证分析

自 1954 年 Tinbergen 率先提出经济一体化概念后，经济一体化便获得快速发展，对"二战"后世界经济的恢复和发展起到了重要的推动作用。区域经济统一化通常是指国际经济领域主权国家之间的分工与合作问题，属于国际经济发展领域的范畴。但是，区域经济一体化的实践对经济体内部区域经济的协调发展也具有重要的借鉴意义，尤其对存在区域经济发展不平衡现象的发展中国家来说更具参考价值。长期以来，中国一直存在二元经济的现象，经济发展存在严重的地区经济发展不平衡的现象。为此，中国一直将区域经济一体化发展作为带动整体经济快速发展的重要举措。鉴于对中国经济发展、对外开放和中国式现代化的重要地位考量，长三角成为中国区域经济一体化发展战略的先行者。

2018 年 11 月 5 日，习近平总书记在首届中国国际进口博览会上宣布，支持长江三角洲区域一体化发展并上升为国家战略，这标志着长三角进入一个全新的发展阶段。2021 年，长三角的人均 GDP 已经达到 11.73 万元，相当于中高等收入国家 2020 年人均 GDP 水平的两倍(罗守贵，2022)。但是，长三角经济一体化发展还存在各种制度阻碍、行政区块分割、要素市场发展滞后、产业结构布局不合理、产业分工合作不深入、创新动力不足、合作共赢机制不健全等(刘志彪，2019；王振，2020；孙久文，2021；刘治彦等，2022；孙斌栋，2022)问题，阻碍了长三角一体化发展水平的提升。

为了更加深入地了解长三角一体化发展的动力机制，本节将在分析长三角一体化发展动力机制的具体作用机理的基础上，尝试使用 QAP 分析方法，并构建一个关系数据计量模型进行实证检验。考虑到鲜有专门进行长三角一体化动力机制方面研究的文献，本书将主要依据区域经济一体化理论并借鉴已有的部分研究成果(Wilfred，1998；罗蓉等，2007；陈柳等，2009；王山等，2022；周正柱等，2022)，具体分析统一大市场、经济增长、金融发展和创新能力对长三角一体化水平影响的具体作用机制。

一、长三角一体化发展内在动力的作用机理

(一)统一大市场

多年来，长三角一体化发展水平稳步提高，长三角一体化发展升格为国家战略后更是为其发展提供了全新的契机。但是，从上述长三角一体化发展水平的测度分析可知，长三角区域统一市场的一体化发展水平滞后于长三角整体一体化发展水平，严重制约着长三角一体化发展层次和水平的进一步提升。区域经济一体化理论指出，区域统一大市场的建立和发展是区域经济一体化发展的主要推动力，构成区域经济一体化的重要组成部分和特征体现。因此，长三角区域统一大市场的发展是长三角一体化深入发展和水平提升的重要动力，没有长三角区域内部统一大市场，就不可能有真正意义上的长三角一体化。

长三角统一大市场主要是指长三角区域内三省一市利用价值链上竞争优势

差异和互补性，通过省际分工发挥各自的比较优势，从而融为一体，形成商品和要素互联互通的一体化流通市场。通过区域统一大市场的建立，长三角区域内部省际商品和要素可以自由流动，发挥统一大市场在长三角资源配置中的基础性作用，形成省际优势互补，深化区域内部的省际价值链分工与合作，推动长三角一体化发展水平的提升。

但是，长三角区域各省（市）之间还存在一定程度的地方保护，部分地区不愿意全面加入区域统一大市场，认为地方保护更能够促进本地的经济发展。这样的地方保护的诸侯经济，短期可能给本地经济发展带来一定的益处，但是从长远来看，势必造成长三角区域内部市场割裂。如果这种现象形成示范和模仿效应，带动区域内部其他地区跟进，将对商品和要素流动造成重大阻碍，无法实现资源的优化配置，给区域内部的营商环境造成非常不利的影响，严重阻碍长三角一体化发展进程的推进。

在长三角统一大市场推进的进程中，统一要素大市场的发展相对滞后。统一要素大市场的一个重要构成便是统一的劳动力市场，即人口流动。人口流动的自由程度以及频率是统一要素大市场发展程度高低的重要标志。对于一个人口能够自由流动的区域市场来说，市场机制可以很好地发挥对要素的优化配置作用，进而更好地加强区域经济体内不同地区的分工与合作。人口流动对区域一体化水平发展的影响主要表现为虹吸效应和扩散效应的相互作用程度。统一要素大市场首先表现为劳动力自由流动，即就业单位变化而引起的劳动力在不同地区的迁移而带来的人口流动，这可以优化区域劳动力资源配置，降低劳动力成本，发挥区域内不同地区的资源优势和产业竞争优势，深化彼此之间的分工与合作，从而为整个区域经济的发展注入动力，提升区域一体化发展水平。劳动力的自由流动后续还将引发部分人口的户籍变动和常住人口的变化，这将导致对不同地区分工与合作领域之外的消费等领域产生影响，从而进一步促进不同地区之间经济往来，增强经济发展的关联程度和溢出效应，推动整体区域经济的一体化发展。

（二）金融发展

金融作为现代经济的核心，可以通过提供融资服务、支付结算服务、投资服务、资产管理服务等，实现资源的有效配置，提高经济运行的效率，降低交易成本。金融发展的过程从本质上来说就是服务实体经济的能力不断改进和提升的过程。区域金融体系的完善程度和发展水平主要包括金融机构数量和规模、金融市场的活跃程度、金融服务的覆盖面积、资本市场规模、金融市场的发展程度以及金融体系的稳定性等，反映出区域金融市场的活跃程度、覆盖面、开放程度、融资能力等。一个成熟的金融市场不但可以很好地控制经济风险，还可以为实体经济的发展提供强有力的支撑。因此，从长三角区域经济发展来看，金融发展可以加速要素在区域内的自由流动，平衡资金的供需缺口，加快资金的周转，提高资金的使用效率，深化产业分工合作，为长三角区域经济体内部企业之间横向一体化和纵向一体化提供金融支持，促进长三角区域经济一体化发展水平的提升。

（三）经济增长

一个经济体的宏观经济增长具有周期性，同样一个经济区域或者经济区域内部的省（市）的经济增长也存在周期性或者经济波动。如果一个经济区域内部通常包含不同地区，其经济周期或经济波动不同步，说明区域内部经济发展的协调性差，对一体化水平的提升会产生不利影响；如果区域内部不同地区经济周期或经济增长同步，说明不同地区经济政策协调一致，相互经济联系紧密，中心地区对周边地区经济发展存在较好的溢出效应。正如 1961 年林德理论指出的，一国的消费偏好、模式和结构主要受到经济发展水平的影响，发展水平越接近的经济体相互之间就越可能会发生贸易，这就是所谓的林德效应。据此可以推测，经济增长同样会对长三角一体化水平产生影响。经济增长或者发展水平越接近的省（市）相互之间的需求强度就越强，规模也越大，统一市场也会因此推进到更高的层次。因此，长三角区域内部不同省（市）经济增长或者波动特征及表现越接近，说明省际经济分工与合作越深入，经济联系越紧密，对长三角一体化发展水平提升的促进作用也会更加明显。

(四)创新能力

随着改革开放的深入推进，中国经济发展所依赖的廉价劳动要素等传统优势已经难以持续，为推进经济的持续发展，必须增强创新能力，培育新的竞争优势。创新对长三角区域经济一体化发展的影响主要体现在宏观、中观和微观三个层面。宏观层面上，重视创新体系的构建和创新能力的培育可以充分发挥长三角区域内部各地区的创新优势，进行创新合作，形成长三角整体经济区域的创新系统，进行技术攻关和成果转化，以创新领域的一体化推动长三角一体化发展(王山等，2022)。中观层面上，创新能够促进长三角区域内部各产业领域新技术的研发、应用和交叉融合，进而重构现代产业体系，淘汰夕阳产业和落后产能，催生新兴产业并推进其发展，促进各产业的融合发展，推动产业结构转型升级，影响整个产业的创新生态，赋能长三角经济一体化发展。微观层面上，创新可以促进长三角区域企业新产品研发、改进生产工艺、优化管理流程等，实现企业成本节约和生产效率提升，增强企业市场竞争力。创新可以形成新技术、新产品、新商业模式和新业态，推进企业效率提升和竞争力增强，进而为长三角经济发展注入新动力。企业作为经济区域内部的分工合作以及市场竞争的主体，因创新能力提升而带来的发展构成了长三角经济一体化发展水平的重要微观基础和动力源。

(五)地方保护

受考核指标的影响，过去很长一段时间内长三角三省一市存在一定程度的地方保护、"分灶吃饭"的现象，长三角区域内部各地区均以营造本地区优良的经济发展环境为目标，导致相互之间市场割裂，阻碍了商品和要素等在长三角区域内部的自由流动。以本地区经济利益为中心的地方保护毫无疑问将无法发挥市场在资源配置中的基础性作用，限制了各地区自身内在优势的发挥，难以形成省际层面的优势互补，阻碍了长三角一体化发展水平的提升。

二、模型设定及数据处理方法说明

鉴于省际一体化发展水平测度指标的构建需考虑众多因素，因此利用传统的多元回归计量模型对其影响因素进行实证检验将无法避免自回归和多重共线性等问题，致使模型和变量的显著性检验会失效。为此，本书为有效避免变量之间相互影响的问题，利用 QAP 方法来进行研究（Barnett，2011）。虽然 QAP 分析方法在社会学研究中经常被采用，但是实践研究证实，将该分析方法用于经贸研究领域也同样具有说服力。具体模型构建时，本书借鉴王山等（2022）的做法，将自变量和因变量均处理成二值关系矩阵，构建关系数据计量模型并采用关系数据研究范式进行具体的计量检验研究。关系数据计量模型的构造如下：

$$Y^{ij} = \beta_0 + \beta_1 X^{ij} + \varepsilon^{ij} \tag{6-1}$$

式（6-1）中，i、j 表示省（市），ε_t^{ij} 表示随机误差项。X^{ij}、Y^{ij} 分别表示省际自变量和因变量的二值关系，均为 n 阶方阵，当 $i=j$ 时赋值为 0（主对角线上的元素），其余位置上元素的赋值（0 或 1）需通过余海华等（2021）修正的引力模型进行计算。该修正的引力模型具体表达式如下：

$$R^{ij} = K^{ij} \frac{\sqrt[3]{P^i\ G^i\ E^i}\ \sqrt[3]{P^j\ G^j\ E^j}}{D^{ij2}}, \quad K^{ij} = \frac{E^i}{E^i + E^j} \tag{6-2}$$

式（6-2）中，i、j 仍然表示省（市），R、K 则分别表示省际一体化发展的引力、省际一体化发展的贡献率，P、G、E、D 则表示省（市）的人口规模、GDP、经济一体化发展水平和省际距离。对于长三角一体化发展的省际引力矩阵，本书将各行均值设定为阈值，若引力值大于阈值的记为 1，表示该行对应省（市）对该列对应的省（市）的一体化发展水平提升具有促进效应；否则记为 0，表示该行对应省（市）对该列对应的省（市）的一体化发展水平提升不存在促进作用。

三、变量选取说明

（一）因变量

本书将长三角一体化发展水平（ei）作为因变量，具体分析时受限于计算核心解释变量所使用的"中国省市区域间投入产出表"仅有 2012 年、2015 年和 2017 年①三个年度，故使用上文构建的综合指标体系所计算出的 2012 年、2015 年和 2017 年三个年度长三角三省一市的一体化发展水平的平均数值，并使用上述提及的修正引力模型将其处理成二值关系矩阵，再进入关系数据计量模型进行实证分析。

(二) 自变量选取及其作用的理论机制

1. 省际贸易成本(tc)

伴随着长三角一体化的发展，区域内部省际层面的价值链分工与合作必然不断加强，中间投入品和最终商品在省际层面流动规模也会不断扩大。省际贸易成本直接代表长三角不同省(市)生产的商品省际流入和流出的难易程度。省际贸易成本越低，意味着商品在三省一市间输入和输出必然会越容易，交易成本也越低，代表长三角市场一体化的水平也越高。反之，亦然。因此，本书将省际贸易成本也纳入研究范畴，以此作为长三角统一商品大市场的度量指标，力图更加全面地分析长三角一体化发展的动力机制。在全球价值链分工快速发展的背景下，大量的零配件等中间产品会频繁多次进出一国关境，导致传统贸易统计数据中存在大量的重复计算问题，无法反映价值链贸易的实际情况。该问题同样存在于一国内部省际贸易统计中。为了有效克服由零部件贸易带来的重复计算问题，本书将使用增加值贸易统计数据拓展 Novy(2013)的贸易成本计算方法(卢仁祥，2022)，并使用 2012 年、2015 年和 2017 年"中国省市区域间投入产出表"中的数据计算出三个年度的长三角省际贸易成本。具体回归分析时，本书使用上述提及的修正引力模型将度量统一商品大市场的三个年度的平均省际贸易成本处理成二值关系矩阵，再代入关系数据计量模型进行回归检验。

2. 人口流动(pm)

除商品统一大市场之外，经济区域统一大市场的另外一个重要组成部分则

---

① "中国省市区域间投入产出表"最新版本仅公布到 2017 年。

为要素统一大市场。在经济区域统一大市场建立之初，中心城市对周边通常存在虹吸效应；随着经济一体化的推进以及中心城市规模的扩大，中心城市对周围地区的虹吸效应会逐渐转变为扩散效应。统一要素大市场的建立有利于虹吸效应和扩散效应的充分发挥，在两者的相互作用下推动区域经济一体化水平提升。本书借鉴王山等(2022)的做法，使用 2012 年、2015 年和 2017 年三个年度地区户籍人口与常住人口比例的平均值度量要素统一大市场的发展水平，具体数值处理及进入回归方程的办法同上述处理办法。

3. 金融发展(fd)

金融作为现代经济的核心，可以通过优化要素配置、提高经济效率来促进实体经济发展。从区域经济发展来看，金融发展可以加速要素在区域内的自由流动，深化产业分工合作，促进区域经济一体化发展水平的提升。本书以存贷款占 GDP 的比重来表示金融发展水平，取三个年度的平均值并采用与上述相同的方法进行处理后，再代入关系数据计量模型进行实证检验。

4. 经济增长(eg)

根据 1961 年林德提出的林德理论，经济发展水平会对消费偏好、模式和结构产生影响，经济发展水平越接近的经济体之间进行相互贸易的可能性就越大。同样，长三角区域内经济发展水平越相近的省(市)之间进行贸易的规模就会越大，并推动一体化发展水平的提升。本书使用长三角三省一市三个年度实际 GDP 的平均增长率来表示经济增长因素，对其数值处理和回归检验的具体方法与前文一致。

5. 创新能力(ia)

随着改革开放的深入推进，中国经济发展所依赖的廉价劳动要素等传统优势已经削弱殆尽，为推进经济的持续发展必须增强创新能力，培育新的竞争优势。创新可以形成新技术、新产品、新商业模式和新业态，推进企业效率提升和竞争力增强，进而为经济发展注入新动力。可见，长三角地区为实现更高质量的一体化发展，必须加强创新，用创新来引领发展。本书以 2012 年、2015 年和 2017 年三个年度地方财政科技支出占 GDP 的平均比重来衡量创新能力，对其数值处理和回归检验的具体方法与前文一致。

6. 地方保护(lp)

地方保护主要表现为以"分灶吃饭"和"诸侯经济"为特征的市场割裂现象，不利于商品、要素在长三角区域内部的自由流动，阻碍长三角一体化发展水平的提升。本书以 2012 年、2015 年和 2017 年三个年度国有控股工业企业利润总额在规模以上工业企业利润中的平均占比来度量长三角地区三省一市的地方保护程度，依然同样采用与上文提及的方法对其数值进行处理和实证检验。

四、QAP 实证检验结果分析

(一) QAP 相关性检验分析

表 6-5 中 QAP 相关性分析结果显示，长三角一体化发展水平与省际贸易成本、人口流动、金融发展、经济增长、创新能力和地方保护六个自变量显著相关，说明这六个因素对长三角一体化发展存在重要影响。同时，表 6-5 的结果也显示省际贸易成本、人口流动、金融发展、经济增长、创新能力和地方保护六个影响因素相互之间存在显著的相关性，即六个自变量不是相互独立的，存在多重共线性的问题。这一结果符合关系型数据所具有的特征，也证实了为了避免多重共线性的不利影响而采用 QAP 方法对长三角一体化发展的动力因素进行实证分析是非常必要的。

表 6-5 QAP 相关性分析结果

变量	ei	tc	pm	fd	eg	ia	lp
ei	1. 000***	0. 987965	0. 947***	0. 957***	0. 977***	0. 973***	0. 802***
tc	0. 988***	1. 000***	0. 972***	0. 920***	0. 989***	0. 939***	0. 741***
pm	0. 947***	0. 972***	1. 000***	0. 867***	0. 992***	0. 897***	0. 706***
fd	0. 957***	0. 920***	0. 867***	1. 000***	0. 917***	0. 989***	0. 931***
eg	0. 977***	0. 989***	0. 992***	0. 917***	1. 000***	0. 942***	0. 765***
ia	0. 973***	0. 939***	0. 897***	0. 989***	0. 942***	1. 000***	0. 915***
lp	0. 802***	0. 741***	0. 706***	0. 931***	0. 765***	0. 915***	1. 000***

注：***、**、*分别表示系数在 1%、5% 和 10% 显著性水平上显著。

（二）QAP 回归检验分析

表 6-6 是将相关变量处理成二值化关系矩阵进行 QAP 回归分析得到的结果。根据表 6-6 可知，六个影响因素都对长三角一体化发展存在较为显著的作用。其中，省际贸易成本、人口流动和地方保护三个影响因素的显著性水平均低于 5%，金融发展、经济增长和创新能力仅略高于 5% 的显著性水平。构建的回归模型判定系数 R^2 和调整的 R^2 均为 1，说明模型的拟合效果很高，回归结果具有很强的说服力。

表 6-6　长三角一体化发展动力机制 QAP 回归分析结果

变量	标准化回归系数	相伴概率（P）	随机置换 2000 次后回归系数>=实际回归系数的概率	随机置换 2000 次后回归系数<=实际回归系数的概率
截距	4.273	0.057	0.0600	0.9400
tc	−3.608	0.002	0.0000	1.0000
pm	2.776	0.007	0.0100	0.9900
fd	1.804	0.053	0.0500	0.9500
eg	1.804	0.053	0.0500	0.9500
ia	1.804	0.053	0.0500	0.9500
lp	−0.189	0.036	0.0400	0.9600
R^2	1.000			
Adj R^2	1.000			
P	0.003			

1. 省际贸易成本（tc）的 QAP 回归分析系数为 −3.608，远高于其他 5 个变量的回归系数，显著性检验水平远低于 1%，说明省际贸易成本因素与长三角一体化发展水平呈反向变化，是影响长三角一体化发展水平非常的重要因素。一方面，省际贸易成本的下降，有利于促进商品和劳务的省际自由流动，推动

长三角统一市场的发展。另一方面，价值链分工背景下省际贸易成本还直接代表长三角区域内部省际层面产业分工合作的深入程度，省际贸易成本越低，意味着省际价值链分工合作越密切，一体化发展水平也越高。由此可知，长三角应该努力削减省际贸易壁垒，有效降低省际贸易成本，加快一体化进程，以此实现更高水平的一体化发展。

2. 人口流动(pm)的 QAP 回归分析系数为 2.776，仅小于省际贸易成本的回归系数，也通过了 1% 的显著性水平检验，说明人口流动的增加有利于长三角一体化发展水平的提升。作为长三角统一大市场重要组成部分的要素市场主要体现为劳动力要素的自由流动。长三角省际人口流动难度下降，有利于推动劳动力在长三角区域内的省际流动，可以有效缓解劳动力供需的结构性矛盾，实现劳动力同资本、产业的有效匹配与融合，推动长三角经济发展，提升长三角一体化发展水平。

3. 金融发展(fd)的 QAP 回归分析系数为 1.804，仅高于地方保护的回归系数，该变量回归分析显示的相伴概率为 5.3%，说明金融发展能够推动长三角一体化发展。金融作为现代经济的核心，其快速发展可以促进资本要素的优化配置，加速资金周转和融通，降低融资成本，服务实体经济发展。因此，长三角各省(市)金融发展可以有效促进长三角的经济发展，进而推动一体化发展的进程。但是，金融发展对长三角一体化发展的作用程度要远低于省际贸易成本和人口流动的作用程度。

4. 经济增长(eg)的 QAP 回归分析系数为 1.804，回归结果显示的相伴概率为 5.3%，说明经济增长对长三角一体化发展水平存在正向的促进作用，作用程度与金融发展因素相当。长三角各省(市)一旦经济增长缓慢，说明大量要素无法得到充分利用，区域内部省际经济联系与交往密切程度必然下降。当经济增长速度较快时，经济也会相对比较活跃，区域内部省际经济联系就会更加频繁和密切，经济分工与合作也会加强，从而推动长三角一体化发展水平的提升。

5. 创新能力(ia)的回归分析系数以及相关概率与金融发展、经济增长两个因素的回归分析系数和相伴概率数值相同，说明创新能力对长三角一体化发展水平的作用方向和程度也与之一致。经济活力源于创新，创新可以给长三角带来新技术、新产品和新业态等，推动区域经济发展，提高一体化发展水平。但是，从回归结果可以看出，创新对长三角一体化发展水平的促进程度有待进一步加强。

6. 地方保护（lp）QAP 回归分析系数为-0.189，回归结果显示的相伴概率为 4%，说明地方保护与长三角一体化发展水平负相关，但是影响程度远低于其他 5 个因素。地方保护不利于长三角区域商品与要素的自由流动，对区域统一大市场发展形成阻碍。为此，长三角各省市应该破除省际市场壁垒，加强政策协商与信息共享，优化资源配置，促进商品与要素的省际流动，推动长三角一体化发展。

第四节　长三角一体化协同发展路径

本章前三节主要对长三角一体化发展国家战略的形成过程、长三角一体化发展水平以及长三角一体化发展的动力机制进行理论探讨和实证检验，为长三角更高水平的一体化协调发展提供了有益的数据支撑和政策设计思路。本节将以此为基础，重点探讨提升长三角一体化发展水平、加快推进长三角一体化发展的国家战略的相关路径。

一、加快推进长三角区域统一市场的建设

事实上，20 世纪 90 年代中期中国存在严重的地方市场保护，地方市场分割程度同欧洲国家之间的市场分割程度相当（Poncet，2003），对中国经济的发展造成了严重的负面影响。中国政府也意识到市场分割的危害性，陆续出台很多措施来削减地区市场间的壁垒，尤其在 2001 年之后市场整合的力度逐步加强（桂琦寒等，2006），市场分割因素对经济的不利影响逐步弱化（陈永伟，2006）。长三角地区作为中国最发达的经济区域之一，应加大区域统一市场的建设步伐，削减省际市场交易壁垒，降低省际贸易成本，实现商品和要素等省际自由流动，不断提升长三角一体化发展水平。

（一）完善统一市场的基础制度建设

市场基础制度主要包括产权保护制度、市场准入制度、公平竞争制度和社会信用制度。长三角应不断加强市场经济的基础制度建设，为区域统一市场的形成和发展提供制度保障。首先，全面加强产权保护。统一市场下的产权保护不仅包括物权、债权、股权等经济产权的保护，更需要保护商标、专利和版权等无形产权。其次，建立和完善市场准入制度。所谓市场准入，一般是指货物、劳务与资本进入市场的许可。市场准入制度是国家对市场主体资格的确立、审核和确认的法律制度，包括市场主体资格的实体条件和取得主体资格的程序条件。其表现是国家通过立法，规定市场主体资格的条件及取得程序，并通过审批和登记程序执行。长三角也可以借鉴这一做法，实行市场准入负面清单的办法，做好市场主体的效能评估和资格清单，并进行主体登记。再次，建立公平竞争制度。统一市场的形成必须要拥有良好的竞争秩序，市场主体要处于公平竞争环境之中。为此，长三角建立和完善市场公平竞争制度，制定竞争制度、竞争审查程序，为市场的有序运行和规范竞争提供政策保障。最后，健全社会信用体系。社会信用体系是一种社会机制，具体作用于市场规范，旨在建立一个适合信用交易发展的市场环境，可以确保市场经济向信用经济方向转变，即从以原始支付手段为主流的市场交易方式向以信用交易为主流的市场交易方式的健康转变。长三角统一市场的建立，也必须在区域内建立完善的社会信用制度，包括建立信息网络、信用评价体系、失信清单以及失信的惩戒机制等。

（二）建立统一的市场监管机制

市场监管是指政府部门通过制定一系列法规、执法检查、市场监测等手段，对市场经济活动中的各方主体进行监督、管理和调节，以保障市场经济的顺畅运行和公平竞争。市场监管能够维护市场秩序，防范经济乱象，减少不良竞争和恶性竞争，保障公平竞争的环境和制度，维护市场和消费者的信心，实现市场质量和效益的协调发展。可见，有效的市场监管是长三角统一市场的建立和有序运转的重要保障。首先，完善市场监管规则。市场监管规则是进行市场有效监管的制度前提。长三角市场监管规则的制定应该以区域经济协同发展和提升人民生活需要为出发点和落脚点，以保障人民群众生命安全和身体健康为根本目标，尤其要完善新业态、工程领域和工业产品等领域的监管规则。其次，规范市场监管执法过程。为做到市场监管执法有章可循、公平执法，长三角应明确综合执法方式、方法和权限等，尤其重点规范和加强长三角市场监管过程中的部门联动和跨区联动，为区域统一市场的有序运行提供过程保障。再次，提升市场监管能力。长三角统一市场是一个区域统一市场，其监管难度必然远大于单一的省内统一市场。因此，长三角相关监督管理职能部门应做好衔接配合、监督配合等，加强利用现代化技术手段的应用，在做好传统业态监管的同时，更应密切关注新业态的发展变化，不断提升监管能力，适应长三角区域市场监管动态变化发展的需要。

（三）建立统一的要素和资源市场

在长三角统一市场的建立和发展过程中，统一的要素和资源市场的发展明显滞后于统一的商品市场形成过程。长三角统一的要素和资源市场主要包括土地和劳动力市场、资本市场、技术和数据市场、能源市场以及生态环境市场。土地和劳动力市场方面，长三角需要统筹做好用地规划，建立用地二级市场和人力资源市场；资本市场建设方面，长三角应继续加强金融基础设施和债券基础设施建设，为长三角统一资本市场的快速发展提供硬件支撑，确保资本要素能够更好地服务于长三角实体经济的发展；技术和数据市场方面，长三角应实现科技资源共享，建立统一的技术交易市场和数据要素市场，确保科技资源能够在区域内实现有序流通和共享；生态环境市场建设方面，长三角应该加强环境保护，加快推进长三角碳排放交易市场一体化发展，推进生态环境整治，促进区域发展全面绿色转型，实现长三角一体化发展水平的提升。

生产要素市场改革方面，长三角可以尝试以下举措：

1. 完善土地管理体制。完善土地利用计划管理，实施年度建设用地总量管理调控制度，增强土地管理的灵活性，为优势地区提供发展空间；推动土地计划指标更加合理化，城乡用地指标使用应主要由省级政府负责等。

2. 深化户籍制度改革。推动上海等超大、特大城市调整完善积分落户政策，探索推动在长三角区域率先实现户籍准入年限同城市化累计互认。放开放宽除超大城市外的落户限制，试行以经常居住地登记户口制度；建立城镇教育、就业创业、医疗卫生等基本公共服务与常住人口挂钩机制，推动公共资源按常住人口配置。这将有效打破长三角区域内部劳动力要素流动的障碍，实现劳动力要素在区域内部的优化配置。

(四)建立统一的商品和服务市场

虽然长三角作为全国经济发展最发达最开放的区域之一，商品和服务市场已经比较发达，但是为提高长三角一体化发展水平，加快推进长三角区域一体化的国家发展战略，长三角还需要进一步深化区域统一的商品和服务市场的建设。(1)建立统一的商品质量体系。长三角三省一市应建立统一的商品质量体系，包括商品分级、质量认证和质量标准等，为区域内商品和劳务的省际流通、交易等提供支撑。(2)建立统一的标准和计量体系。为深度推进统一的商品和服务市场的建设，长三角还应优化和健全商品、服务的测量与计量标准，便于区域内商品和服务的省际流通、交易和结算。(3)建立统一的消费服务质量。深度统一的市场还需要有完善的、统一的售后服务。为此，长三角统一市场的建设还要在售后服务方面建立统一的召回制度、售后服务标准和权益维护制度等。

(五)推进市场设施的高标准联通

为促进区域统一市场的建设和发展，长三角必须加强市场设施的建设，并且实现市场设施的省际高标准联通，为区域统一市场的信息交换、商品流通交易提供交易平台和信息系统支持。(1)加强区域流通网络建设。长三角应加强商贸流通基础设施建设，尤其是物流基础设施的建设，为区域内商品的省际流动提供便利，降低省际贸易的物流成本。(2)建立市场信息交互渠道。长三角应该建立和完善信息认证平台接口和标准，为区域内部不同省

（市）间的产权交易信息、市场公共信息和市场主体信息提供交互渠道。
（3）建立交易平台。长三角应建立和完善公共资源和综合性商品交易平台，确保交易主体双方能够快速进行信息搜寻、匹配并达成交易，节约交易成本，实现交易的便捷性。

2023 年 9 月 5 日，为深入贯彻落实党的二十大精神，加快建设全国统一大市场，长三角三省一市商务主管部门正式在北京签署《深化长三角区域市场一体化商务发展合作协议》。根据合作协议，长三角三省一市商务主管部门将重点在推进市场规则制度共通、商业基础设施共联、商贸流通体系共享、农产品产销协作共赢、供应链区域合作共促、市场消费环境共建等 6 个方面深化务实合作，推进高水平开放，促进大流通，构建大市场，持续推动长三角区域市场高效畅通和规模拓展，加快营造更加稳定、公平、透明、可预期的营商环境，助力全国统一大市场建设。

二、大力发挥上海的中心辐射与引领作用

根据上述分析可知，从省级层面的一体化发展水平来看，上海一体化发展水平总体高于长三角地区的其他三省。上海在做好自身快速发展的同时，也应该利用自己的区位、产业、政策和实践经验对其他三省提供进一步的辐射和示范作用，为其他三省的发展提供必要的支持，推动长三角协同发展，不断提高长三角一体化发展水平。首先，上海应该在长三角利益共享方面做好表率和带头作用，主动服务。上海应积极探索税收收益共享和生态补偿机制，打破长三角区域内行政壁垒，主动服务长三角一体化发展。其次，上海应该在公共基础设施和社会治理等共建、共享方面率先作为。在高铁等基础设施建设方面，上海应首先做出榜样，与其他三省共建共享，便捷长三角人民的工作与出行，为劳动力等要素省际流动提供便利；在社会治理与环境保护领域，共建省际合作平台，做到政策共商、信息共享、收益共分。再次，充分发挥上海金融中心的作用，做好对实体经济发展的支持作用，带动长三角产业升级转型。上海应该充分发展国际金融中心的作用，利用金融创新，做好资本要素的优化配置，服务长三角的经济发展，推动长三角高水平一体化发展。最后，充分发挥上海自

贸区临港新片区在对外开放和改革创新中的示范引领作用和经济政策溢出效应。上海自贸区临港新片区是中国扩大对外开放、主动引领经济全球化持续发展的重大战略举措，同时也是长三角一体化发展的国家战略的重要组成部分。上海应该充分利用临港新片区建设所形成的一系列制度成果，最大限度释放其特殊经济功能的溢出效应，服务好长三角经济发展；发挥临港新片区在产业集群发展方面的辐射作用，做好与长三角其他三省产业的分工合作与创新融合，带动长三角产业升级与高水平发展；发挥临港新片区的全球资源配置功能，做好国内外两个市场的重要衔接作用，推动人才、技术等各类高端要素在长三角的合理流动，为长三角更高水平的协同发展提供强劲的引擎动力。

三、优化产业布局，深化产业分工合作

根据上文关于长三角三省一市产业层面的省际贸易成本状况及变动趋势的分析可以看出，长三角三省一市产业部门的竞争优势存在显著的差异，均存在自身的优势产业。为此，长三角三省一市应该根据各自的产业优势及自身的经济状况，大力发展自身的优势产业，深化与其他省(市)的价值链分工与合作，优势互补，从而推动长三角一体化发展水平的提升，实现更高质量的协同发展。

考察期初上海和江苏具有较强竞争优势的部门为 S12，考察期末上海和江苏最有竞争优势的部门转变为 S11；考察期初和期末浙江最具有竞争优势的部门分别为 S05 和 S07，考察期初和期末安徽最具竞争优势的部门分别为 S02 和 S11。当然，除了在本省(市)内部不同部门之间依据贸易成本高低进行竞争优势的比较外，还要考虑同一部门在不同省(市)的竞争优势高低及变化情况。这样才能正确合理地判断长三角各省(市)各自的竞争优势和竞争劣势产业部门。

事实上，省际产业部门价值链分工与合作是长三角一体化发展战略的关键部分。全球价值链分工背景下，作为中国对外开放窗口和经济最发达的区域之一，长三角应通过推动省际价值链分工与合作，坚持统一布局、统一管理和统一建设的原则，大力发展高科技、医疗生物等战略产业，努力打造一批具有国

际竞争力的新兴产业集群，加快推进长三角产业转型升级的步伐，突破在全球价值链分工中的低端锁定困境，实现长三角高水平一体化协同发展。

四、强化科技创新合作，提高区域创新能力

从前文的实证分析可知，创新能力对长三角一体化发展的推动程度显著弱于贸易成本和人口流动对长三角一体化发展的作用的程度。可见，增强创新能力是提升长三角一体化发展水平、实现长三角高水平协同发展的一项重要举措。长三角通过深化区域内部科技合作与创新，优化产业结构，增强区域整体创新能力，为区域经济发展注入新的动力。根据《长三角区域协同创新指数2022》的报告，与2011年相比，2021年长三角区域协同创新指数实现了近1.5倍的增长，年均增速达到9.47%。可见，长三角科技创新一体化能力在过往十多年中得到了显著提升。但是，长三角的创新体系仍然存在科技成果转化机制不完善、创新主体企业缺乏创新动力、创新合作的沟通机制不健全、区域技术市场和产权市场机制不完善、地方政府科技创新的本位思想还比较严重等问题。长三角仍需继续完善区域创新体系，增强区域的整体创新能力，才能持续提升长三角的整体竞争力，实现长三角高水平一体化协同发展。首先，以制度创新打造区域一流创新体系。长三角三省一市政府需加强制度创新，力求在制度协调与安排上取得突破性进展，为区域科技创新的合作与共享提供良好的政策环境。其次，因地施策促进区域内不同城市间科技创新的分工与合作。长三角区域内各个城市应根据自身经济发展状况、经济规模、地理位置特征和资源禀赋等差异，制定适合本城市创新发展的政策措施，并且要注意与区域内其他城市的科技创新分工与合作，避免政策上的矛盾与冲突，优化长三角区域内创新资源的配置，形成区域创新合力。再次，发挥科技资源优势以形成市场导向的区域一体化创新系统。长三角拥有众多知名的高等院校和科研院所，尤其是上海。因此，长三角必须以市场为导向，坚持平等、互利、风险共担和利益共享的原则，确定研究领域和科技攻关的方向，解决技术难题，实现高等院校和科研院所等的科技成果有序转化，为区域经济和社会发展贡献智慧。总之，长三角应加强科技创新合作以及科技成果的转化，打造区域协同创新体系，为经

济可持续发展注入新动力，优化产业分工，促进产业转型升级，从而成为长三角提升一体化发展水平并实现高质量协同发展的新路径。

五、加强公共基础设施的建设与服务的协调对接

基础设施建设完善与否和运营管理水平的高低将直接影响长三角商品、要素等的流动便捷程度与成本高低，进而影响长三角经济的发展和一体化水平的提升。前文关于省际贸易的实证分析中已经指出，基础设施对长三角省际贸易成本的影响与理论预期存在一定差异，影响程度并不大，也就是说，虽然长三角交通、通信等基础设施的建设和完善程度处于国内较高水平，但是受到运营管理水平、省际服务对接和信息共享程度还较低的限制，其对省际贸易的影响程度还有待进一步提升。由此可见，做好长三角公共服务设施的省际服务对接和信息共享可以有效降低长三角省际贸易成本，推动经济发展，提升长三角一体化发展水平。首先，在公共服务设施建设方面做好事前省际协同规划。2020年发布的《长江三角洲地区交通运输更高质量一体化发展规划》指出，长三角应该构建一体化的交通设施网络、交通运输服务体系和智能交通系统等，做好城市间统筹协调和服务衔接；三省一市共建交通基础设施，尤其是跨省道路、城际高铁的共建，提高省际陆运交通的便捷性；重点推进跨省断头路的施工建设，进一步加强城际高铁建设，提高陆运交通便捷性，同时加强水路运输港口的综合开发与省际合作；开展道路运输信息的服务对接和信息共享。其次，大力推进公共政务服务的跨区办理。长三角要利用现代信息技术手段全方位打破政府公共服务的省际和城际壁垒，改革政务服务模式，建立一网通办的跨区域服务平台，推进政务服务便利化跨区服务。再次，推进公共服务资源共建。长三角应大力推进医疗、旅游等公共服务资源的共建共享，合理配置旅游资源，优化旅游线路，加强医疗合作，建立异地医疗网络平台，方便异地就诊和费用结算。最后，加强数字经济基础设施建设。长三角各省（市）应加快推进5G、数据中心、云计算、人工智能、物联网、区块链等新一代信息通信技术，以及基于此类技术形成的各类数字平台的建设，为包括发展相对滞后的服务业部门在内的传统产业的数字化转型提供技术支持，为省际分工合作提供便利，服务

于社会生产和人们生活的方方面面，降本增效，加速长三角经济的转型发展，实现长三角高水平一体化发展。

第五节　本章小结

本章在考虑价格机制、要素配置、数字经济发展状况和环境保护等因素的基础上，构建综合评价指标体系以测度长三角整体、省级层面和子系统层面一体化发展水平，并在探讨长三角一体化发展内在动力的作用机理的基础上使用QAP分析法对动力机制进行实证考察，最后重点对提升长三角一体化发展水平的具体路径进行深入探讨。本章研究得出的主要结论如下。

第一，无论从绝对水平还是增长率波动情况来看，长三角整体一体化发展水平总体呈稳步提高的趋势。1999—2020年考察期内，长三角整体一体化发展水平提高了近一倍，从期初的综合得分0.3021，达到2019年的最高综合得分0.5618。变动率的情况也显示，虽然考察期内长三角整体一体化水平的上升或者下降的变动率波动幅度较大，但是多数年份均是正增长，再次说明长三角一体化发展水平呈稳步上升的趋势。

第二，从省级层面来看，长三角一体化发展水平存在显著的省际差异。考察期内，长三角三省一市的省级层面一体化发展水平总体来说分为三个层次：上海的一体化发展水平居于最高层次，其次为浙江和江苏，安徽处于最低层次。虽然上海的一体化发展水平最高，但是总体来说仅略高于浙江和江苏的一体化发展水平，相较于浙江和江苏的优势并不明显，上海的中心辐射引领作用未能得到充分发挥。此外，虽然安徽的一体化发展水平最低，但是考察期内提高最快，与其他两省一市的差距显著缩小。

第三，从子系统层面来看，长三角一体化发展水平同样存在显著的子系统差异。考察期内，统一市场子系统一体化水平虽然受到经济发展的影响波动幅度最大，但是总体水平最高，仅在考察期末处于最低层次。考察期内，由于长三角三省一市对基础设施建设的重视，基础设施子系统的一体化水平上升最快，2007年就由最低层次提升到中等层次。此外，随着2018年末长三角一体化发展升级为国家战略后，政府的一系列政策措施出台与实施使得政府协同子系统一体化水平迅速提升，一跃成为考察期末一体化水平最高的子系统。

第四，利用 QAP 分析法对长三角一体化发展水平的动力机制进行实证检验，相关性分析结果表明长三角一体化发展水平与各动力因素之间相关性显著；回归分析结果表明省际贸易成本是长三角一体化发展水平的最主要影响因素，人口流动的影响程度仅次于省际贸易成本，金融发展、经济增长和创新能力对长三角一体化发展水平的作用有待进一步加强。为此，为提升长三角一体化发展水平，实现更高质量的一体化发展，长三角地区应该加快区域统一大市场的建设进程，努力削减省际贸易壁垒，降低省际贸易成本，加快劳动力等要素的自由流动，提升创新能力，推动经济增长。

第五，长三角应该通过加快推进区域统一大市场的建设，发挥上海经济金融中心的辐射与引领作用，优化区域内部产业布局，深化分工合作，加强公共基础设施的建设与服务的协调对接，不断提升区域整体创新能力，为长三角经济持续发展注入源源不断的动力，提升长三角一体化发展水平，实现长三角高水平的协同发展。

第七章　研究结论和后续研究展望

本章将对本书关于长三角省际贸易成本测度原理、现实状况、波动趋势、对省际贸易发展的促进效应及长三角一体化协同发展路径等问题研究的主要观点和结论作出总结和归纳，指出研究的不足，并对降低省际贸易成本来提升长三角一体化发展水平以努力推进长三角区域一体化的国家战略的后续研究作出展望。

一、主要研究结论

本书在利用增加值统计口径的贸易数据对 Novy（2013）模型进行拓展的基础上，对省际贸易成本测度的具体方法、省际贸易成本的决定因素、省际贸易成本对省际贸易发展的促进效应以及对长三角一体化发展的影响机制进行分析，并运用现代计量经济学分析的方法进行实证检验，以期为长三角价值链分工和合作、提升长三角一体化发展水平提供具体路径设计的政策参考和借鉴。通过上述研究，得出如下主要结论。

（1）传统统计口径测度的长三角省际贸易成本不但在绝对水平上明显高于增加值统计口径测度的长三角省际贸易成本，而且在波动趋势上也无法客观反映长三角省际贸易成本的真正演变趋势。可见，传统统计口径的贸易数据因为重复统计问题会造成贸易成本的测度结果失真，无法真实刻画价值链分工与合作背景下省际贸易的实际发展状况和演变趋势。增加值统计口径测度的长三角省际贸易成本较为客观全面地刻画了长三角省际价值链分工与合作的真实状况和贸易格局。

（2）长三角各省（市）整体省际贸易成本波动趋势存在显著差异。考察期内，江苏和浙江整体省际贸易成本一直呈下降趋势，下降幅度分别为 2.71% 和 4.96%；安徽整体省际贸易成本呈先降后升的趋势，总体是增加的，上升幅度为 6.32%；上海整体省际贸易成本则是一直呈上升趋势，贸易成本增幅为 5.21%。上海整体省际贸易成本不仅不是长三角区域内最低的，而且贸易成本不降反增，这一现象似乎有点反常。这主要是由于上海产业结构转型较快，服务业比重明显高于区域内其他三省，区域内省际服务业分工与合作的开展滞后于制造业。

（3）长三角部门层面省际贸易成本的差异主要表现为服务业部门的贸易成本相对较高。长三角各省（市）部门层面省际贸易成本差异主要体现为服务业部门的省际贸易成本整体高于第一、二产业部门的贸易成本，这与产业结构转型的步伐比较吻合。第一、二产业发展到一定阶段后，才会逐步向第三产业转型，服务业比重上升。这必然也导致服务业部门分工合作程度低于第一、二产业部门，服务业部门的省际贸易成本自然会相对较高。

（4）长三角省际贸易成本的差异还体现在地区差异方面，即省际双边贸易成本存在显著的省际层面的差异。考察期初，沪皖双边贸易成本期初最低，浙苏双边贸易成本最高。但是，考察期末沪皖双边贸易成本最高，沪浙双边贸易成本最低。可知，伴随着长三角省际贸易的发展和规模的扩大，经济距离因素对贸易成本影响的程度日趋凸显。如何降低因经济距离带来的贸易成本下降的负面影响并以此推动长三角省际贸易增长和一体化发展就显得至关重要。

（5）采用差分分解法对长三角省际贸易发展的促进效应进行分解发现，贸易成本因素对省际贸易发展的贡献率有待进一步提升。经济增长因素对省际贸易发展的贡献率远高于贸易成本因素的贡献率。因此，需要大力通过降低省际贸易成本来促进长三角省际贸易的快速发展，推动长三角一体化发展水平的提升。

（6）虽然长三角整体一体化发展水平存在一定幅度的波动，但是总体呈现稳步提高的趋势。1999 年长三角整体一体化发展水平的综合得分仅 0.3021，经过 20 余年的整合发展，一体化发展水平综合得分最高达到了 2019 年的 0.5618。1999—2020 年长三角一体化发展水平在绝对数值上提高了近一倍。从波动趋势来看，1999—2000 年长三角整体一体化发展水平的同比变动率波动较大。变动率较高的年份分别为 2004 年、2007 年、2010 年和 2011 年，与上一年相比一体化发展水平变动率依次为 17.87%、11.00%、16.26% 和 12.44%，保持了两位数的增长。当然，也存在 2002 年这样的个别年份，与 2001 年相比，长三角整体一体化发展水平竟然下降了 12.57%。虽然长三角整体一体化发展水平综合得分的变动率波动较大，但是多为正值，变动率为负的仅有 6 个年份，而且多数数值不大。

（7）长三角各省（市）一体化发展水平存在较为显著异质性。上海、江苏和浙江三个地区的一体化发展水平比较接近，基本处于同一层次。安徽的一体化发展水平明显低于前三省市，处于较低层次。对于处于同一层次的上海、江苏和浙江来说，除个别年份上海的一体化发展水平低于江苏或者浙江以外，绝大多数年份上海的一体化发展水平总体还是略高于江苏和浙江两省。安徽一体化的发展水平处于较低水平，但是上升最快，幅度最大。随着时间的推移，安徽一体化发展水平与上海、江苏和浙江一体化发展之间的差距已经显著缩小。1999年，安徽与上海、安徽与江苏、安徽与浙江之间一体化发展水平的差距分别为 0.1702、0.1479、0.1448。2020年，这一差距显著缩小，分别为 0.089、0.0445、0.0407。

（8）长三角四个子系统的一体化发展水平也存在显著的差异。早期，统一市场和经济社会两个子系统的一体化发展水平处于一个层次，政府协同子系统的一体化发展水平处于中等层次，而基础设施子系统的一体化发展水平则处于最低的一个层次。中后期长三角四个子系统的一体化发展水平的差距大幅缩小。随着对基础设施建设的重视，基础设施子系统的一体化发展水平快速提高，2007年前后就基本与政府协同和经济社会两个子系统的一体化水平相差无几，后期三个子系统基本处于同一水平层次并按照近乎相同的趋势稳步上升。2018年末，长三角一体化发展升级为国家战略后，长三角三省一市的政府都非常重视，陆续出台了一系列的政策以推动长三角一体化发展，促使政府协同子系统一体化发展水平快速提高。但是同属于一个层次的基础设施和经济社会两个子系统因受到疫情的影响，在2018年后均出现了一定幅度的回落。统一市场子系统的一体化发展水平则出现了与政府协同、基础设施和经济社会三个子系统一体化发展水平截然不同的趋势。

（9）长三角一体化发展水平的动力机制的实证研究结果显示，省际贸易成本是长三角一体化发展水平最主要的影响因素，人口流动因素对长三角一体化发展的影响程度要小于省际贸易成本的影响，而金融发展、经济增长和创新能力三项因素对长三角一体化发展水平的作用有待进一步加强。为此，为提升长三角一体化发展水平，实现更高质量的一体化发展，长三角地区应该加快区域统一大市场的建设进程，努力削减省际贸易壁垒，降低省际贸易成本，加快劳动力等要素的自由流动，提升创新能力，推动经济增长。

（10）提升长三角一体化发展水平并加快推进长三角区域一体化发展的国家战略具体对策与建议如下：①长三角各省（市）应该加快区域统一市场的建设和发展，推动商品和劳动力要素省际自由流动，深化价值链分工与合作，充分发挥各自的产业优势，实现优势互补，降低省际贸易成本，优化区域要素配置，加快提升长三角一体化发展水平。②长三角应加大金融发展力度，实现金融要素在区域内部的自由流动，改善投融资环境，以更好地服务实体经济的发展，推动长三角一体化的快速发展。③加强上海与其他三省之间的分工合作，降低上海的整体省际贸易成本，发挥上海在长三角经济发展中的中心作用，增强上海发展对其他三省的辐射和带动作用，推动长三角一体化发展。④针对服务业部门省际贸易成本偏高、服务业部门的省际分工与合作滞后等问题，长三角各省（市），尤其上海应根据服务部门的特殊属性，利用数字技术等手段，加快服务业部门的数字化转型创新，为服务业部门的省际分工与合作提供便利，改变服务业部门省际贸易成本普遍偏高的局面，增强省际贸易成本下降对长三角省际贸易增长的促进效应。⑤长三角应该积极探索联合创新的协作机制，发挥已经积累的创新优势，进一步增强原始创新能力，尤其是关键领域的技术攻关与创新，加快产业转型升级步伐，提升长三角一体化水平。⑥长三角区域应尽快破除"分灶吃饭"、市场分割的地方保护现象，强化地方政府间的合作，寻求政策协商、信息与公共服务共享，实现商品与要素的自由流动与优化配置，不断提升长三角一体化发展水平，加快实现长三角一体化高质量发展的国家战略目标。

二、后续研究展望

将外贸成本的测度原理应用于测度省际贸易成本，并分析省际贸易成本对省际贸易发展的促进效应和对长三角一体化发展水平的影响，这是一个全新的研究视角。国内外对该领域的研究涉足较少，为此本书在现有的理论研究成果的基础上进行了适当的拓展研究和实证检验。区际贸易成本或者省际贸易成本的测度及其对区域经济一体化发展影响的研究相对复杂，现有研究不够系统全面，在全球经济持续低迷和国际经济形势日益复杂的背景下，国内市场的一体化发展将备受关注，对省际贸易成本及其对区域经济一体化发展影响的研究也将会不断丰富和深化。虽然本书在研究视角、研究方法和具体影响机制等方面均作了一些全新的探索和尝试，但是限于资料、数据、时间和笔者知识能力的限制，仍存在一些问题尚未得到充分的研究和说明，期待以后作进一步的深入研究。

第一，探讨省际贸易成本对长三角省际贸易发展和长三角一体化水平提升的具体作用机制时，主要局限于宏观方面的剖析，具体作用机制的经济学原理及微观层面的论证还有待进一步研究。

第二，受制于中国省市区域间投入产出表数据的限制，仅测度了 2012 年、2015 年和 2017 年长三角区际与省际贸易成本。为此，在进行实证分析时，也仅能构建模型检验，使用这几个年份的数据进行验证，无法把更多年份的情况纳入研究视野，使实证结果受到了一定的影响。

第三，在选用度量长三角一体化水平的指标时，由于现有的一体化度量指标各自侧重点有所差异，本书主要借鉴 Konig 等（2013）、李世奇等（2017）的做法来度量长三角一体化水平。鉴于指标构建方面的限制，本书选用的指标也存在一定的不足之处，致使对长三角一体化发展水平的度量也不够全面与客观。

限于数据可获得性和时间方面的限制，本书未能对上述问题作详细的补充分析和研究，实属遗憾，也为作者今后的进一步学习和研究指出了方向。

参 考 文 献

一、中文部分

[1]程必定. 以智能化推进长三角一体化更高质量发展[J]. 区域经济评论，2020(5)：52-58.

[2]陈昭，林涛. 新经济地理视角下粤港澳市场一体化影响因素研究[J]. 世界经济研究，2018(12)：72-81，133.

[3]陈建军，黄洁. 以智能化推进长三角一体化更高质量发展[J]. 学术月刊，2019(10)：46-53.

[4]陈柳，于明超，刘志彪. 长三角的区域文化融合与经济一体化[J]. 中国软科学，2009(11)：53-63.

[5]陈雯，孙伟，刘崇刚，刘伟. 长三角区域一体化与高质量发展[J]. 经济地理，2021(10)：127-134.

[6]丛亮. 长三角一体化发展上升为国家战略三年成果丰硕[J]. 宏观经济管理，2021(12)：1-9.

[7]崔鑫生，郭龙飞，李芳. 贸易便利化能否通过贸易创造促进省际贸易——来自中国贸易便利化调研的证据[J]. 财贸经济，2019(4)：100-115.

[8]杜声浩. 区域贸易协定深度对全球价值链嵌入模式的影响[J]. 国际经贸探索，2021(8)：20-37.

[9]高丽娜，蒋伏心. 长三角区域更高质量一体化：阶段特征、发展困境与行动框架[J]. 经济学家，2020(3)：66-74.

[10]顾海兵，张敏. 基于内力和外力的区域经济一体化指数分析：以长三角城市群为例[J]. 中国人民大学学报，2017(3)：71-79.

[11]郭湖斌，齐源. 长三角区域物流与区域经济协同发展水平及空间协同特征研究[J]. 经济问题探索，2018(11)：77-85.

[12]侯小菲. 长江经济带一体化发展面临的挑战与应对策略[J]. 区域经济评论，2015(5)：48-55.

[13]何冬梅，杜宇玮. 长三角区域经济格局演变、驱动因素及空间溢出效应研究[J]. 现代经济探讨，2018(12)：7-16，55.

[14]胡宗彪，王恕立. 国际服务贸易成本：国际规律与中国经验[J]. 经济研究，2013.

[15]黄征学，肖金成，李博雅. 长三角区域市场一体化发展的路径选择[J]. 改革，2018(12)：83-91.

[16]韩佳容. 中国区域间的制度性贸易成本与贸易福利[J]. 经济研究，2021(19)：124-140.

[17]韩兆安，赵景峰，吴海珍. 中国省际数字经济规模测算、非均衡性与地区差异研究[J]. 数量经济技术经济研究，2021(8)：164-181.

[18]何雨，陶德凯. 长三角一体化策略：模式、逻辑与启示[J]. 南通大学学报·社会科学版，2021(1)：24-33.

[19]姜国麟，刘弘，朱平芳. 专家咨询约束下的最大方差权数计算法[J]. 统计研究，1996(6)：33-40，65-67.

[20]孔令刚，吴寅恺，陈清萍. 长三角高质量一体化发展论坛综述[J]. 区域经济评论，2019(5)：145-150.

[21]刘建. 中国国内贸易成本的测度及其影响因素——基于省级面板数据的实证分析[J]. 经济问题探索，2013(10)：7-14，86.

[22]李蕾. 长三角地区制造业的转型升级以及地区专业化与协同发展研究——基于长三角与京津冀比较的实证分析[J]. 上海经济研究，2016(4)：90-99.

[23]刘建，许统生，涂远芬. 交通基础设施、地方保护与中国国内贸易成

本[J].当代财经,2013(9):87-99.

[24]李世奇,朱平芳.长三角一体化评价的指标探索及其新发现[J].南京社会科学,2017(7):33-40.

[25]李自若,夏晓华,黄桂田.中国省际贸易流量再估算与贸易演变特征研究[J].统计研究,2020(8):35-49.

[26]李自若,杨汝岱,黄桂田.中国省际贸易流量与贸易壁垒研究[J].经济研究,2022(7):118-135.

[27]娄文龙.京津冀、长三角和珠三角区域经济一体化测量和比较[J].统计与决策,2014(2):90-92.

[28]刘瑞翔.区域经济一体化对资源配置效率的影响研究——来自长三角26个城市的证据[J].南京社会科学,2019(10):27-34.

[29]刘志彪,陈柳.长三角区域一体化发展的示范价值与动力机制[J].改革,2018(12):65-71.

[30]刘志彪.长三角区域市场一体化与治理机制创新[J].学术月刊,2019(10):31-38.

[31]刘志彪.率先形成新发展格局:长三角一体化的制度创新[J].宏观经济管理,2021(12):51-56.

[32]刘志强.长三角一体化发展的制度机制建设重点及路径[J].经济纵横,2021(11):83-89.

[33]刘治彦,魏哲南.长三角更高质量一体化面临的问题与策略[J].企业经济,2022(10):37-45.

[34]卢新海,陈丹玲,匡兵.区域一体化加剧了土地财政依赖吗?——以长江经济带为例[J].华中农业大学学报(社会科学版),2019(1):146-154,169-170.

[35]卢亚娟,刘骅.基于引力熵模型的科技金融区域协同发展研究——以长三角地区为例[J].上海经济研究,2019(1):81-88,128.

[36]罗蓉,刘乃全.城市对长三角经济一体化演进的影响实证研究[J].中央财经大学学报,2007(10):71-76.

［37］罗守贵．协同治理视角下长三角一体化的理论与实践［J］．上海交通大学
　　学报(哲学社会科学版)，2022(4)：36-45.

［38］潘文卿，李跟强．中国区域间贸易成本：测度与分解［J］．数量经济技术
　　经济研究，2017(2)：55-71.

［39］千慧雄．长三角区域经济一体化测度［J］．财贸研究，2010(5)：24-31.

［40］钱学锋，梁琦．测度中国与G-7的双边贸易成本——一个改进引力模型方
　　法的应用［J］．数量经济技术经济研究，2008(2)：53-62.

［41］盛斌，毛其淋．贸易开放、国内市场一体化与中国省际经济增长：1985—
　　2008年［J］．世界经济，2011(11)：44-66.

［42］孙斌栋．长三角一体化高质量发展的理论与实践［J］．学术前沿，2022
　　(11)：44-51.

［43］孙红梅，姚书淇．长三角城市群一体化协同发展的空间实证研究——以
　　财政水平差异分析为支撑［J］．城市发展研究，2020(8)：25-30，34.

［44］孙久文．区域经济一体化：理论、意义与"十三五"时期发展思路［J］．区
　　域经济评论，2015(6)：8-10.

［45］唐为．要素市场一体化与城市群经济的发展——基于微观企业数据的分
　　析［J］．经济学(季刊)，2021(1)：1-22.

［46］汤蕴懿．长三角通关一体化制度建设问题［J］．上海经济研究，2016(4)：
　　108-116.

［47］谭顶男．论长三角一体化及区域协调机制的构建［J］．北方经贸，2016
　　(7)：65-66.

［48］王菲，朱虹锟．中国省际贸易格局与区域经济一体化［J］．价格月刊，
　　2023(9)：1-12.

［49］王晓玲，高红贵，方杏村．长三角一体化经济收敛性及其影响因素的空
　　间计量分析——基于空间杜宾面板模型的实证研究［J］．经济问题探索，
　　2020(5)：84-95.

［50］汪恭礼．新发展理念背景下推进长三角更高质量一体化发展研究［J］．财
　　经理论研究，2019(6)：68-77.

[51]巫强,刘志彪.长三角统一市场的内外开放与有序竞争[J].现代经济探讨,2014(12):29-33.

[52]王德忠,吴琳,吴晓曦.区域经济一体化理论的缘起、发展与缺陷[J].商业研究,2009(2):18-21.

[53]王山,刘文斐,刘玉鑫.长三角区域经济一体化水平测度及驱动机制——基于高质量发展视角[J].统计研究,2022(12):104-122.

[54]韦倩,王安,王杰.中国沿海地区的崛起:市场的力量[J].经济研究,2014(8):170-183.

[55]许德友,梁琦.中国对外双边贸易成本的测度与分析:1981—2007年[J].数量经济技术经济研究,2010(1):119-128,139.

[56]肖金成,李清娟.促进长三角经济一体化高质量发展[J].宏观经济研究,2020(4):27-30.

[57]许统生,陈瑾,薛智韵.中国制造业贸易成本的测度[J].中国工业经济,2011(7):15-25.

[58]许统生,洪勇,涂远芬,黄先明.加入世贸组织后中国省际贸易成本测度、效应及决定因素[J].经济评论,2013(3):126-135.

[59]万科,张莹,刘华.中国高技术产业国内循环的省域比较优势与贸易成本研究——来自电子信息产业的证据[J].企业经济,2022(5):126-136.

[60]王涛,苏雅,王晴晴.中国省际贸易矩阵的估计与应用[J].统计研究,2019(4):60-70.

[61]王振.长三角地区共建世界级产业集群的推进路径研究[J].安徽大学学报(哲学社会科学版),2020(3):114-121.

[62]王直,魏尚进,祝坤福.总贸易核算法:官方贸易统计与全球价值链的度量[J].中国社会科学,2015(9):108-127.

[63]韦伟.长三角高质量一体化发展若干议题的理论思考[J].区域经济评论,2019(6):18-22.

[64]巫强,林勇,任若琰.长三角三次产业协调发展程度测算及其影响机理研究[J].上海经济研究,2018(11):77-89.

［65］吴怡丹，万科，武倩茹，韩雨虹．增加值视角下价值链嵌入位置与省际
贸易成本研究——来自京津冀电子信息产业的证据［J］．商业经济，2022
（8）：28-33．

［66］行伟波，李善同．本地偏好、边界效应与市场一体化——基于中国地区
间增值税流动数据的实证研究［J］．经济学（季刊），2009（4）：1455-1474．

［67］徐琴．从横向协作、竞合联盟到区域共同体的长三角一体化发展［J］．现
代经济探讨，2019（9）：25-28．

［68］姚鹏，叶振宇．中国区域协调发展指数构建及优化路径分析［J］．财经问
题研究，2019（9）：80-87．

［69］姚鹏，王民，鞠晓颖．长江三角洲区域一体化评价及高质量发展路径［J］．
宏观经济研究，2020（4）：117-125．

［70］杨凤华，王国华．长江三角洲区域市场一体化水平测度与进程分析［J］．
管理评论，2012（1）：32-38．

［71］于洋．中国省际贸易流量再估算与区间分解［J］．统计研究，2013（9）：
100-108．

［72］袁凯华，彭水军，余远．增加值贸易视角下中国区际贸易成本的测算与
分解［J］．统计研究，2019（2）：63-75．

［73］张少军，李善同．省际贸易对中国经济增长的贡献研究［J］．数量经济技
术经济研究，2017，34（2）：38-54．

［74］张学良，林永然，孟美侠．长三角区域一体化发展机制演进：经验总结
与发展趋向［J］．安徽大学学报（哲学社会科学版），2019（1）：138-147．

［75］张学良，李丽霞．长三角区域产业一体化发展的困境摆脱［J］．改革，
2018（12）：72-82．

［76］赵金龙，郭传道．全球价值链视角下区域贸易协定对成员间贸易的促进
效应［J］．国际贸易问题，2021（1）：111-125．

［77］赵静梅，李钰琪，钟浩．数字经济、省际贸易成本与全国统一大市场［J］．
经济学家，2023（5）：89-99．

［78］曾刚，曹贤忠，王丰龙，叶雷．长三角区域一体化发展推进策略研

究——基于创新驱动与绿色发展的视角[J].安徽大学学报(哲学社会科学版),2019(1):148-156.

[79]浙江省推进长三角一体化发展工作领导小组办公室.全省域参与 全方位融入 体系化推进 扎实推进长三角一体化不断走深走实[J].宏观经济管理,2021(12):36-39.

[80]周五七.长三角高质量一体化发展动态评价及其空间特征分析[J].经济体制改革,2022(5):67-74.

[81]周正柱,许理.市场一体化理论基础、国际经验与长三角区域发展困境与策略[J].上海经济研究,2022(1):49-64.

[82]朱晓军.欧盟商品市场一体化的实证研究[D].上海:复旦大学,2008.

二、英文部分

[1]Anderson, J., E. Van Wincoop. Gravity with Gravitas:A Solution to the Border Puzzle[J]. American Economic Review, 2003, 93(1):170-192.

[2]Anderson JE, Van Wincoop E. Trade Costs[J]. Journal of Economic literature, 2004, 42(3):691-751.

[3]Bai, Chong-En, Du Yingjuan, Tao Zhigang, Tong S. Y.. Protection and Regional Specialization:Evidence from China's Industries [J]. Journal of International Economics, 2004, 63(2):397-417.

[4]Baier S L, Bergstrand J H. Economic determinants of free trade agreements[J]. Journal of International Economics, 2004(64):29-63.

[5]Bruszt L, Mcdermott G. Leveling the Playing Field:Transnational Regulatory Integration and Development[J]. Oup Catalogue, 2014(4):175-184.

[6]Bruszt L, Campos N. Economic Integration and State Capacity[J]. Journal of Institutional economics, 2019, 15(3):449-468.

[7]Butter F A G, Mosch R H J. Trade, trust and transaction costs[R]. Tinbergen Institute Discussion Paper, 2003.

[8]Chen N, Novy D. Gravity, Trade Integration, and Heterogeneity across

Industries[J]. Journal of International Economics, 2011, 85(2): 206-221.

[9] Demurger S. Infrastructrure Development and Economic Growth: An Explanation for Regional Disparities in China? [J]. Journal of Com parative Economics, 2001, 29(1): 95-117.

[10] Head K, T Mayer. Non-Europe: the Magnitude and Causes of Market Fragmentation in the EU [J]. Weltwirtschaftliches Archiv, 2000, 136(2): 284-314.

[11] Hummels D. Toward a geography of trade costs[R]. Purdue University, 2001.

[12] Jacks D S, Meissner C M, Novy D. Trade Booms, Trade Busts, and Trade Costs[J]. Journal of International Economics, 2011, 83(2): 185-201.

[13] Limao L. , Venables A. Infrastructure, Geographical Disadvantage, Transports Costs and Trade[J]. World Bank Economic Review, 2001, 15(3): 451-479.

[14] McCallum, John. National Borders Matter: Canada-U. S. Regional Trade Patterns[J]. American Economic Review, 1995, 85(3): 615-623.

[15] Meng B. , Ando. An Economics Derivation of Trade Coefficients under the Framework of Multi-regional IO Analysis [J]. IDE Discussion Paper 29, 2005.

[16] Naughton B. H ow Much Can Regional Integration Do to Unify China's Markets? [R]. SCID W orking Papaer No. 58, 2000.

[17] Novy D. Is the Iceberg Melting Less Quickly? International Trade Costs after World War II[J]. Warwick Economics Research Paper, 2006.

[18] Novy D. Gravity redux: Measuring International Trade Costs with Panel Data [J]. Economic Inquiry, 2013, 51(1): 101-121.

[19] Obstfeld M, Rogoff K. The Six Major Puzzles in International Macroeconomics: Is There a Common Causes? [J]. NBER Macroeconomics Annual, 2000, 15 (4): 339-412.

[20] Parsley D. , Wei S. Convergence to the Law of One Price without Trade Barriers or Currency Fluctuations[J]. Quarterly Journal of Economics, 1996, 111(4): 1211-1236.

[21] Poncet S. Measuring Chinese Domestic and International Integration [J]. China Economic Review, 2003, 14(1): 1-21.

[22] Poncet S. A Fragmented China: Measure and Determinants of Chinese Domestic Market Disintegration [J]. Review of International Economics, 2005, 13(3): 409-430.

[23] Porojan A. Trade Flows and Spatial Effects: the Gravity Model Revisited [J]. Open Economics Reviews, 2001, 12(3): 1-21.

[24] Temursho U. Uncertainty Treatment in Input-output Analysis [A]. Handbook of Input-Output Analysis [M]. Edward Elgar Publishing, 2017.

[25] Wilting H C. Sensitivity and Uncertainty Analysis in MRIO Modelling: Some Empirical Results with Regard to the Dutch Carbon Footprint [J]. Economic Systems Research, 2012, 24(2): 141-171.

[26] Wilfred J E. The New Regionalism [J]. The Economic Journal, 1998, 108 (449): 1149-1161.

[27] Xu, Xinpeng. Have the Chinese Provinces Become Integrated under Reform? [J]. China Economic Review, 2002, 13: 116-133.

[28] Young, A. The Razor's Edge: Distortions and Incremental Reform in the People's Republic of China [J]. Quarterly Journal of Economics, 2000, 115: 1091-1135.

[29] Young, A. The Razor's Edge: Distortions and Incremental Reform in the People's Republic of China [J]. Quarterly Journal of Economics, 2000, 115 (4): 1091-1135.